海岸線の歴史

松本健一

Kenichi Matsumoto

ミシマ社

海岸線の歴史

目次

はじめに　海岸線は変わる

第一章　陸と海、神と人間が接する渚《なぎさ》——古代から現代まで

第四章　白砂青松の登場——江戸時代

装幀　クラフト・エヴィング商會
〔吉田篤弘・吉田浩美〕

はじめに　海岸線は変わる

トロイアの風景

トルコの小アジア地方の西海岸にある古代遺跡、トロイアの都市国家跡を見にいった。二〇〇七年五月のことである。

トロイアにはもう何もありませんよ。シュリーマンが財宝を発掘して、みんな持ち去ってしまいました。——そう、何人ものひとから指摘された。

けれども、わたしが見たかったのは、金銀財宝ではなかった。——トロイアという古代都市国家がどのような場所にあったのか。それはどれくらいの規模で、どんな構造でつくられ、また何度つくり変えられたのか。城壁は石積みなのか、それとも日干し煉瓦《れんが》なのか。それに、何人ぐらいの人間が住んでいたのか。都市劇場にはどれくらいの人数を収容できたのか。そういったことが見てみたかった。

近年のわたしの追求テーマの一つである「砂の文明・石の文明・泥の文明」に即して、城壁が石積みなら「石の文明」で、日干し煉瓦なら「泥の文明」だ、などと安易に考えたわけではないが、そういったテーマを考える手だてとしても、少年の日に夢見たトロイアにぜひ一度行ってみたい、とおもっていたのである。

トロイアの城壁は日干し煉瓦づくりで、歩道にもたくさんの土器片がころがっていた。もちろん神殿は石造りで、古代戦車の出入りした道路は石畳状なのだが、それ以外の人造物は泥土から造られているものが多かった。それゆえ、最初の都市建設から五千年をへて、いま再び土に埋もれたトロイアには、たくさんの草木が茂り、色あざやかな紫のアザミが乱れ咲いていた。

ところが、そのトロイア行きのあとイスタンブールに戻って、トロイアを滅ぼしてできあがったギリシャの文物を古代博物館で見ると、ほとんどが石の造形物であり、そうして大理石の彫像であった。彫刻はすべてギリシャ神話の神々や人間の形象であり、古代アナトリア（小アジア）のように太陽とか地母神、それに動植物をかたどったようなものはほとんど見当たらなかった。人間中心主義のヨーロッパの源流はまさしくギリシャにある、と感じないわけにはいかなかった。

以前わたしは、ギリシャのパルテノン神殿を写真で見て、それが白い大理石によって造られているばかりでなく、神殿じたいが建っているアテネのアクアポリスの丘も、同じ水成岩の白い石灰岩によってできあがっていることを知って、ヨーロッパは「石の文明」である、と直感したのだった。それに較《くら》べると、トルコの小アジア地方は、地母神を造形することからして、より「泥の文明」的な要素をもっているにちがいない。そんなことさえおもったのである。

トロイアに行ってみたい、という少年の日の夢は、シュリーマンのように生きることができたらいいなあ、という願望をふくんでいた。これは、初老のシュリーマンが若くて美しい妻をトロイアの金銀財宝で飾りつつも、晩年にはイタリアのナポリの街角で行き倒れ、名前もわからない老人として孤独に死んだという後日譚を知ったあとでも、変わらなかった。芸術家はすべからくそのように野垂れ死にすべきだ、というのが、少年のわたしの思いだったからである。

ただ、わたしにはその後、古代トロイアに対する別の関心が加わった。それが、さきに述べた、トロイアという古代都市国家がどのような場所にあったのか、をはじめとする問いであった。そして、その問いの究極の一つが、トロイアはいま、海（ダーダネルス海峡）からどれくらい隔たった距離に位置しているか、というものだった。

かつての海岸が肥沃な平野のなかに

トロイアに古代都市国家が建設された初めのころ（紀元前三千年から二千五百年の第Ⅰ層、および紀元前二千五百年から二千二百年の第Ⅱ層のころ）、ここはダーダネルス海峡に面していた。神話の物語でもわかるように、トロイアの城壁は砂浜に接しており、海岸線はダーダネルス海峡に面した湾につづいていたのである。

その事実をふまえて、ブラッド・ピットが主演したハリウッド映画『トロイ』でも、城壁のすぐ下に湾岸の砂浜がひろがっており、その海辺で多くの戦闘がくりひろげられるわけだ。

トロイアは周知のように、アカイア軍（船団）によって襲撃され、「トロイの木馬」の奇計によって滅んだといわれる。しかし、いまトロイアが廃墟になっているのは、この戦争の敗北による結果ではない。トロイアはその敗北の後も、ギリシャ文明の一端をになって繁栄したのである。トロイアがいま廃墟となっているのは、単純化していえば、ダーダネルス海峡の海から遠ざかったことが原因だった。

古代トロイアは、カラメンデレスとデュムレクの両河にはさまれた三角洲の上にあった。つまり、ダーダネルス海峡につづく湾に接した丘の上に、古代都市国家トロイアは建設されたのである。ところが、その湾が、カラメンデレスとデュムレクの両河が長年にわたって押し流す土砂の堆積《たいせき》によって、埋め立てられてしまった。

千年後のトロイア第Ⅵ層（紀元前千八百年から千二百七十五年）のころには、湾のほとんどが砂で埋まってしまったらしい。その結果、トロイアは海岸線から三、四キロメートルも内陸に位置するようになってしまったのである。

いまトロイア遺跡の上に立つと、そこは海抜二七メートルの丘であるにもかかわらず、海は見えない。地図上のおよその見当で、海からはほぼ五キロメートル隔たった距離に位置しているとおもわれる。二つの河川が流した土砂は、五千年をかけて湾を埋め立て、その地のほとんどを畑地に変えてしまったのである。

古代トロイアを攻撃するために来たアカイア軍でさえ、トロイアの西方にあるベシク湾に停泊し、その海岸に上陸した後、そこで陣営をきずいたと想像されている。

アカイア軍に敗北したトロイアは、紀元前一千年ごろに北方からの移住者によって破壊・略奪

海岸線の見えない平野。トロイア遺跡の上から

都市国家トロイアのなかに入ってゆく石畳の道

されたが、その後、紀元前八世紀にはじまったギリシャ人の植民活動によって、新たな都市国家を形成することになる。そのころにはすでに、カラメンデレス川とデュムレク川はトロイア周辺を肥沃《ひよく》な平野に変えていたらしい。ただ、この両河川の水量では大規模な人口を養うことができず、それに、もとは三角洲の湿地帯だった平野にはマラリアなどの疾病《しっぺい》がはびこり、これがトロイア衰亡の一因になったともいわれる。

それから二千年あまり、トロイアの都市国家跡は滅ぶにまかされた。翻っていえば、その都市国家跡はどんどん海から遠ざかっていったのである。

トロイアには、その後、貿易のための港が新たに開かれることもなかったから、かつての海岸は肥沃な平野へと変貌を遂げていった。いま、トロイアの古代都市国家跡を見ても、その城壁のすぐさきにダーダネルス海峡につづく海岸があったとは、なかなか信じられないほどである。

自然的条件による海岸線の変化

こういった海岸線の変化の歴史は、もちろん、トロイアにのみいえることではなかった。トロイアよりはるか南、トルコの小アジア地方の南海岸にちかい、エーゲ海に面した古代都市国家ミレトスも、ほぼ同じような運命をたどった。ミレトスはギリシャ自然哲学の発祥の地である。タレス、アナクシマンドロス、アナクシメネスを生んだ都市国家である。初めは植民による港湾都市として発達した。

ミレトスには、かつて観客席二万五千を数える大規模な劇場がつくられていた。トロイアの劇場は収容人数三千ほどであったらしい。それだけでも、ミレトスの繁栄ぶりを想像することができるだろう。

ミレトスの劇場は半島の丘の上にあり、その北側と西側が海に面していた。ところが、この海が、トロイアのばあいと同じように、マイアンドロス河の押し流す土砂によって埋め立てられ、港湾都市としてのミレトスは衰退の道をたどることになった。ミレトスの西側にあったエーゲ海のラデー島は、いまは半島と地続きの丘になっている。

このようなトロイアやミレトスにおける海岸線の変化は、河川の流す土砂やその堆積などの自然的条件によって生みだされたものといっていいだろう。そうだとすれば、こういった海岸線の変化は、世界各地で、むろん中国でも日本でも生じていたことであった。中国の黄河が押し流す黄土は、この二千年のあいだに、河口周辺の海岸線をほぼ二〇キロメートル、海のなかに後退させたといわれる。「黄河、海に入りて流る」の結果である。

日本のばあいを例にとってみよう。いまから千百年ちかくまえ、土佐守《とさのかみ》だった紀貫之《きのつらゆき》は、その帰任にあたって、土佐の大湊《おおみなと》から、阿波、浪華《なにわ》、そして京都に向けて、帰京の船を出した。当時は物部《もののべ》川の河口西側にあった大湊は、その後千年をへて、いまから七十年まえの第二次世界大戦中には飛行場わきの川になり、いまでは川幅わずか三メートルほどの、平野のなかのまさしく小川に化してしまっている。かつて大湊とよばれた、古代船の着いた大きな入江は、いまは海から遠く隔たった、内陸の小さな川に化してしまったわけだ。

ついでにふれておくと、全国各地に残っている大浦や大湊――代表的なものが、長崎の大浦や、茨城県の水戸郊外にある大津浜や、青森県の下北半島の南岸に位置する大湊――は、江戸時代まではまさしく大きな港として繁栄した。漁業や貿易の中心地として栄えたのである。しかし、それらはいまでは小さな漁港となり、忘れられかけている。下北半島のそれは、戦前、海軍の軍港として使われることによって整備されたが……。

人為的条件による海岸線の変化

それはともかく、トロイアやミレトスや土佐の大湊がその自然的条件によって「海岸線の歴史」を変化させていったのに対し、それとは別の人為的条件によって「海岸線の歴史」が大きく変わった例も多い。

たとえば、中国の香港島である。この島は、アヘン戦争（一八四〇～四二）のあと、南京条約によってイギリスが租借したときの人口が、わずか二千人である。九竜《カオルーン》半島の新界《ニューテリトリー》をふくめても、人口八千人である。百六十年あまり後の現在、香港国際空港はこの新界の側にあり、香港の総人口八百万人というのは、この新界までをふくめてのことである。それでも、かつて八千人だった香港の人口が、いまは八百万人、つまり一〇〇〇倍に達しているのは、そこがかつての寒村から世界有数の国際貿易港に発展したからにほかならない。

香港島には、海抜五五四メートルのビクトリア・ピーク（扯旗山）が聳《そび》え立ち、そこから海に向かってストーンと土地が下り落ちている。平坦な陸地は、本来ないに等しい。

それゆえ、ここでは農業によって生活することはもちろん、漁業や交易のためジャンク（戎克）が停泊することにも、あまり適していなかったのである。百六十余年まえにはほとんどひとの住まない島だったわけだ。

ところが、そういう平地のあまりない、水深のある海岸を、アヘン戦争に勝ったイギリスは貿易港とすべく、清国から租借したのである。四百年あまりまえ、ポルトガルが平戸《ひらど》を捨て、湾の周りを山に囲まれ、より水深のある長崎に交易港を移したのと、ほぼ同じ理由である。

それはともかく、中国のジャンクは、東シナ海沿岸の入江をめぐる交易や、揚子江などの河川の水上交通のため、喫水《きっすい》の浅い風帆船だったのである。それゆえ、水深が浅く、外海の大波を入れない、湖のような入江の港、たとえば杭州《ハンチョウ》や福州《フーチョウ》などの港が有用だったのである。

これに対して、イギリスの洋船（艦）は大洋を越え波を切って航海するため、喫水が深く、その結果、岸壁の切り立ったような湾を、清国に港として要求したのである。それがまず香港だった。考えてみると、ポルトガルそしてオランダが日本に交易港として求めた長崎や、のちにアメリカが日本に開港すべく要求した横浜や箱館や神戸も、みんなこの香港タイプの港湾だった。

もっとも、水深があって、岸壁の切り立ったような湾は、そのままでは荷下ろしに不便だし、バックヤード（後背地）の平地が狭いから、倉庫や税関も建てられない。このため、海岸部分を埋め立てて平地にする。そして、ここが貿易港として発展するようになると、つぎつぎにその海岸部分を干拓し、波止場を拡大していったのである。海岸線は人工のものになり、人間の住んでいた平地の場所から遠ざかったわけである。

人為的条件によって「海岸線の歴史」が変わるばあいは、他にもある。日本なら、農本《のうほん》政策をとった徳川時代以来、米づくりのために水田を拡大し、海辺をつぎつぎに干拓したようなばあいなどが、これである。有明海の干拓事業など、現在でも田畑の拡大のために、いまではムダな干拓をつづけてきた。

日本は「海岸線」の異常に長い国

以上のような自然的条件と人為的条件による「海岸線の歴史」、つまり陸にすむ人間と海が接触する場所の変化を書いた書物はあるのだろうか、とわたしの関心にこたえる書物を探してみたところ、徳川時代の海上交通の研究などを別にすれば、まったく無いに等しいことがわかった。無ければ、じぶんで書いてみるしかない。——これが、本書を執筆するに至った根本の動機である。

それというのも、日本は「海岸線」の異常に長い、世界有数の国なのである。

日本の海岸線は、四方が海に囲まれた島嶼《とうしょ》国家であるうえに、多く曲線によって成り立っている。その長さは、約三万五〇〇〇キロメートルに達しているほどだ。その日本の海岸線がいかに長いかは、国土面積が日本の二五倍ちかくもある大陸国家アメリカの海岸線の一・五倍に及び、同じく国土面積が日本の二六倍ちかくもある大陸国家中国の海岸線の二倍以上に達していることでも明らかだろう。

このように長く、複雑な海岸線をもつ日本において、その海岸線がどのように変化してきたかの歴史書がないというのも、考えてみれば、不思議な話である。それに、この海岸線の風景がわたしたちの子どものころからわずか半世紀で、きわめて大きく変化しているというのに、その変化の意味を考えてみようとする歴史書や思想書がないというのも、考えてみると日本人としては怠慢な話である。

そこで、わたしがまず「海岸線の歴史」を書き、それがわれわれ日本民族にとって、ひいては人間の歴史、そうして文明の未来にとってどういう意味をもつのかを、考えてみようとするのである。

横浜はかつて沼沢地もしくは海中だった

「海岸線」に関心をよせた初めのきっかけは、トロイアや土佐の大湊を見たことではなかった。わたしは一九九八年に『開国・維新』（「日本の近代」第一巻、中央公論社）という通史的な歴史書を著わした。その執筆過程で、横浜という、幕末のころには人口わずか二千人の寒村が開港地に選ばれた理由や、その開港の結果、横浜が香港と同じように、まさしく劇的な変化を遂げて、百五十年後のいまでは人口三百五十万人の港湾都市に変貌していった歴史に注目せざるをえなかったのである。

横浜の開港は、百五十年まえの安政六（一八五九）年である。この時点での日本の総人口は二千六百万人、いまでは一億三千万人であるから、五倍に増えている。これに対して横浜の人口は二千人から三百五十万人、つまり一七五〇倍に増えている。その急激な人口増加は明らかだろう。香港の人口増が一〇〇〇倍だったのに較べても、激増している。

当時の横浜の海岸線は、現在の京浜東北線の関内《かんない》駅からわずか東に寄ったところにあった。その海に接した場所に税関が建てられた。そして、この税関の内陸側、という意味で、「関内」という地名が生まれたのである。

この「関内」という地名および百五十年まえの横浜の干拓にふれて、わたしは『開国・維新』に先立つ、一九九三年刊の『真贋――中居屋重兵衛のまぼろし』（新潮社、のち幻冬舎アウトロー文庫）に、次のように書いている。ちなみに、中居屋重兵衛は安政六（一八五九）年に開港された横浜で、生糸の取引によって瞬時の成功と謎の没落をした貿易商である。


横浜の関内駅から歩いて二分ぐらいのところに、横浜公園がある。この一帯は、横浜開港（安政六年＝一八五九）以前は、太田屋新田の一部で、ほとんどが湿地帯であった。

開港から三十年ほどまえの文政年間に編まれた『新編武蔵風土記稿』によると、当時の横浜は、民戸八十七、東西十丁ないし十八丁、南北十八丁ほどの、小さな寒村にすぎない。東海道からもへだたり、良港でもなかった。この横浜村の南にあった沼沢地を干拓したのが、太田屋新田である。入植農民はわずかに五戸。田はほとんど使いものにならない下田で、満潮時には海潮があがってくるという状態だった。

ところが、横浜開港とともに、その太田屋新田に港崎遊廓《みよざきゆうかく》がつくられ、またたくまに、敷地一万四千六百坪、遊女五百人を擁する大歓楽地へと変貌した。ときに、異人揚屋《あげや》とよばれた外国人相手の娼館である岩亀楼《がんきろう》が、その最大の規模をほこった、と伝えられる。

岩亀楼はたしかに、当時の絵地図をみると、間口三十間（五十四メートル）もある大きな構えで、ほかの遊女屋がせいぜい間口五間から十五間であったのに較べると、格段の大きさをもっていた。二代広重の筆になる「横浜風景一覧」の絵にも、遊女屋で名まえのでているのは、この岩亀楼だけである。しかも、岩亀楼のまえにはなお沼沢地がひろがっている。（中略）

もっとも、この岩亀楼をふくむ港崎遊廓は、慶応二年（一八六六）十月二十日の、いわゆる豚屋火事でほとんど焼失した。その跡地につくられたのが、横浜公園である。つまり、この虚栄の市がさかえたのは、わずか七年半ほどの、まさに一瞬のことだったのである。

この記述によって、現在の横浜公園や近くの中華街が、かつては沼沢地もしくは海中にあったことがわかるだろう。そこを干拓し、横浜は大きく海岸線を変えて、その市街地をひろげていったのである。

それはともかく、横浜についてそのような記述をしたのが、『真贋――中居屋重兵衛のまぼろし』の雑誌掲載時、一九九二年である。とすると、わたしの海岸線の変化に関する関心は、『開国・維新』より六年まえ、つまりいまから十七年まえには芽生えていたのかもしれない。

なお、ついでながら、わたしは右の引用部分に「田はほとんど使いものにならない下田で」と書いている。「下田《しもだ》」という地名が、そのような意味だとすると、横浜のまえに開港地に選ばれた伊豆半島の「下田」は、やはり横浜と同じく農耕地としては役に立たない村であったわけだ。徳川幕府は江戸湾に入ってくる物資の点検のため、下田を港として開き、江戸中期まで下田奉行所を置いていた。のち、その奉行所を浦賀に移したわけである。

横浜の「関内」にしても、この「下田」にしても、地名というのは、自然的条件や人為的条件から生みだされる場合が多い。それゆえ、海岸線に生まれた地名をたどっていけば、かつて海岸線がどのような自然的時間と歴史的時間とをたどって現在に至っているかも、おのずからわかってくるのだろう。

鞆の浦の盛衰

「関内」という人為的条件によって生みだされた地名と対比するかたちで、まさしく自然的条件によって生みだされた「海岸線」の地名を、一つだけあげておこう。広島県福山市から瀬戸内海に突き出た半島に、鞆《とも》の浦（鞆津《とものつ》）がある。同様の地名は、かつて島根県の石見《いわみ》銀山の銀積み出し港の一つとされた、日本海に面した鞆津がある。

鞆《とも》、というのは、弓を射るときに、左手首の内側につけ、弦が釧《くしろ》などにあたるのを防ぐ、円形の皮具である。つまり、その鞆のかたちのように円形をしていて、外海からの荒波が入りこまないような、港口が狭い入江、という形状にもとづく地名である。

瀬戸内海に面した鞆の浦（鞆津）が古代から江戸時代にかけて、京・大坂から九州、そしてアジア大陸への海上交通の要所であり、潮待ち、風待ちの港として利用されたことについては、のちに詳しく述べてゆきたい。この、水深が浅く、円形の小さな入江が、潮待ち、風待ちの港として、かつては大いに役立ったのである。

だが、その鞆の浦も、港の水深が浅すぎること、そして港の入り口があまりにも狭いという自然的条件のせいで、明治以後は逆に、大型船（蒸気船、そしてタンカーなど）が停泊できず、現在では、ひっそりとした小さな漁船の港になっている。かつてはその自然的条件によって繁栄をきわめた港が、いまでは役に立たないと見なされているわけだ。そのため、現在では鞆の浦のぜんぶを埋め立てたうえで広い駐車場に変える計画さえある、という。もしその計画が実行されれば、鞆の浦の海岸線は、人為的に大きく変貌するわけである。

いずれにしても、鞆という地名は、かつては繁栄の港を意味したが、いまではもう役に立たない、小さな円形の入江の名に変化してしまったのである。

本書では、おもに日本における海岸線の歴史をたどってみたい。それは、日本がいかに形づくられ、変化を形づくってきたか、そうして日本人が「海やまのあひだ」（折口信夫）でどのように生きてきたのかを、「海岸線」という切り口から見てみたいからである。そのためには、当然、世界における海岸線の歴史との比較・検討もなされなければならない。そのことによって、日本と世界の歴史における共通性と相違もおのずから明らかになってくるだろう。

第一章

陸と海、神と人間が接する渚《なぎさ》——古代から現代まで

「海岸線」は新しい言葉

「海岸線」という言葉はきわめて新しい。その言葉は、古代から江戸時代にかけての歴史のなかでは存在しなかった。

海岸という言葉は海に面した岸という意味なので、もちろん古くからある。だが、「海岸」が古くから日本語として一般的に使われていたか、というと、どうもその歴史も浅いようにおもわれる。渚（なぎさ・みぎわ）とか、汀《みぎわ》とか、海辺という言葉の歴史は古そうである。海岸はやや新しい。それでも、幕末の吉田松陰などは、この「海岸」という言葉を他者に通じる言葉として使っていた。安政五（一八五八）年、松陰は朝廷の鎖国論を批判して、こう書いている。「外国の事情を知らずして徒らに海岸を守り、貧窮に苦しみ候はまことに失策」（『続愚論』）と。

しかし、「海岸線」となると、江戸中期以前にはさかのぼれない言葉であるような気がする。わたしの知見では、「海岸線」という言葉は西洋で使われているコーストラインという言葉の翻訳語だとおもわれる。それが西洋で使われていた言葉の翻訳語だとすると、まさしく近代になって、日本語のなかに入ったというふうに考えていいのだろう。

伝統的に日本人が使っていた言葉とすれば、渚とか海辺や浜辺、それに汀があげられる。みぎわというのは、文字どおり、水際であり、渚と書いても、なぎさのほかに、みぎわと読むのである。

渚というのは「さんずい」に「もの」と書くが、これは中国漢字の「しょ」という字で、水際《みぎわ》という意味である。この水際《みぎわ》が日本語で伝統的に使っていた言葉だとすると、そこに漢字の渚や汀が宛てられてきた。中国では、渚「しょ」を使ったり、汀「ちょう」というふうに読んだりする。場所の概念としては、なぎさ、みぎわ、海辺あるいは浜辺という言葉が、伝統的なものであろう。それは、みぎわにしてもなぎさにしても、日本人の感覚として陸と海とが接触し、そしてそこで人間が漁《すなど》りする場所である。つまり、漁撈《ぎょろう》をするところであったり、あるいは浜遊び、船遊びをするところであった。

しかし、もっと原初的な日本人の文化（民族の生きるかたち）に即していうならば、海洋民族、そして海を渡ってきた民族が上陸し、住まい始めた場所が、この水際、すなわち海岸であった。これはおよそ安曇《あずみ》（阿曇）の一族だが、代表的な集団が阿曇比羅夫《あずみひらぶ》だろう。比羅夫は六六二年、新羅《しらぎ》と唐の連合軍に攻められた百済《くだら》を救うために、水軍をひきいて出征した。しかし、白村江《はくすきのえ》の戦いで敗北し、撤退して、近江の安曇川《あどがわ》一帯に定住した、と伝えられる。

あずみ氏の「すむ」というのは、水（辺）に棲むという意味である。そして、かれらが住みついた水辺の土地が、近江の琵琶湖に注ぐ安曇川、信州の糸魚川《いといがわ》上流の安曇野《あずみの》、相模の熱海《あたみ》、庄内の温海《あつみ》、三河の渥美《あつみ》などだった。

ついでにいうと、住吉《すみよし》神社はみな海辺、もしくは水際にある。あずみ氏の氏神というか守り神、つまり海辺に住みついた民族の氏神を祀《まつ》る神社である。その祭神は、すべて海神か、その娘神である。住吉神社は、海に出ていって安全でありますようにとか、あるいは大漁でありますようにと、海神に祈る神社なのである。

このあずみ氏の例でわかるように、渚は陸と海が接触し、その水際に上陸したり貝や魚を漁りする場となる。あるいは、そこで海洋民族が海の彼方の祖神に祈る、というふうに使ってきた場所が渚《みぎわ》、つまりみずぎわであり、なぎさであった。そこは、海を渡って日本の「海やまのあひだ」の狭い平地の海岸沿いに住んだ原日本人にとって、自分たちの祖先は海の向こうにあるという観念の場所であった。それゆえに、神と人間が接触する聖なる場所であり、そしてまた海彼《かいひ》から来た民族が死んだらまた海の彼方に還っていく、という祈りの場所でもある。

つまり、海岸は陸と海が接触する場であると同時に、神と人間が接触する場でもあり、また生者と死者がそこで接触し、そしてまた相別れていく場所である。そのような神聖な場所であった。

むかし、女性たちが子どもを産む場を産屋《うぶや》といい、赤子を洗う湯を産湯《うぶゆ》、そうしてその子どもが生まれた故郷を産土神之地（うぶすなの地）という。それゆえ、氏神の神社のことを「うぶすな社」といったりするわけだ。要するに、女性が子どもを産んでいく場所は、じぶんの氏族の故郷、すなわち海辺の産土神之地であり、産屋を建てるのもその砂浜の場所であった。新しい生命が産まれてくるのも、海から人が来るのも、そして死者が海の彼方に帰っていくのも、全部そういう海辺の砂浜であり、なぎさなのである。

後世の浦島太郎の物語などでも明らかなように、生者が竜宮城に入っていく神事に近い儀式は、海辺というか、砂浜で行われなければならなかったのである。町のなかとか、山の上とかで行われるわけではないのだ。山の上でそういう儀式を行うのは、道教的な神仙の世界といっていい。日本にも、神仙に関わる奈良盆地の南端の多武峰《とうのみね》のような場所がないではないが、日本中にひろがっている生者と死者の接する場は、ほとんどが海辺であるといっていい。あるいは、海（水）の見える山や丘の上である。

そのような生者が死者と接触する場所、あるいは民族の先祖と接触する場所、それゆえ日本にあっては人間が神と接触する場所、そういう場所としてなぎさや海辺は考えられてきたわけだ（同じような考え方は、古代ギリシャにもある）。だから、海辺は神聖な場所であり、神に祈る場所でもある。そこに、わが民族はまず最初の神殿を建ててきた。出雲、伊勢、淡路島のイザナギ神宮、みなそうである。宇佐八幡宮でも、その祖神を祀る薦《こも》神社は水辺の神社である。

これは日本における渚に対する概念、すなわち他界に入っていく場所という観念の根底になっているのだろう。これは古代から存在するもので、それゆえに海辺という言葉はずっと使われてきた。もちろん平安の末ごろから江戸時代になってくると、海辺は国内交易、貿易の場所にもなってくるわけだが、その海岸の風景それ自体はあまり変わらなかったのではないか、と考えられる。実際には、海岸の風景には大きな変化があるわけだが、その歴史については後でふれたい。

そういう海辺の場所にいまは人がほとんど住まなくなっている。もっとも、わたしたちが子どものころまでは、海辺はまだ海水浴をしたり、磯遊びをする、あるいは日常的な食料のために貝をとる、というかたちでの海との接触は繁くあった。ところが、現在では日本の海辺や浜は、海岸線という新しい言葉ができたこととも関わって、すでに大きな変化が生じている、とも感じられる。

海岸線の異常に長い国

日本は、アメリカとか中国とかロシアとかの大陸国家に較《くら》べると、面積的には小さな、島嶼《とうしょ》国家である。ただ、そのため山岳地帯からつづく急峻な岩場と平らな砂浜、外洋と入江、というふうに非常に複雑な地形と、それらが多様に細かく入りくんだ海岸線をもっている。

それゆえ、日本の海岸線をぜんぶ合わせると、アメリカの海岸線よりも長く、一・五倍、中国の海岸線よりもはるかに長く、二倍に達するのである。具体的な対比は「はじめに」であげたとおりだが、その結果、人間が住む場所、労働する場所、遊ぶ場所、出産の場所、そして海洋民族が海彼の故郷に祈る場所、つまり神聖な場所、というふうに使い分けて、使いつづけてきた。それらを合わせた場所が、なぎさ、みぎわ、海辺だったのである。

ところが、現在では、日本ぜんたいの八割くらいの海岸線には防波堤が造られている印象である。無人島や人の近づけない断崖の海岸線などもあるから、実際には防波堤が造られている海岸は二割にも満たないのであろうが、人が目にするところでの割合では、大部分の海岸線には防波堤が造られているといった印象なのである。

コンクリートの防波堤は、津波や高波などから船や陸上の家や田畑を守るために必要なものとして造られたのではあるが、これによって海辺に住み、労働し、遊び、祈る、ということが、日本人の暮らしから遠くなって久しい。

現代では二〇万トン級のタンカーが着岸できないと、繁栄する工業都市にはなれず、そのためこれからもっと大きな、水深が二〇メートルもある港が必要とされている。このことは、一面では、仕方がないことである。けれども、それと同時に、単に経済という視点をこえて、わたしたちは日本で海岸線がもってきた意味というものを、もう一度改めて考え直してみるべき時点に立っているのではないだろうか。そのことを考えないで、日本は本来「海洋国家」であるとか、今後は「海洋立国」を目指すと主張しても、現実には、最近の子どもは海で遊ばなくなったり海を知らなくなった、と嘆くばかりになるだろう。

かつての小学唱歌のなかには、海や海辺の生活や文化を歌ったものがたくさんあった。「我は海の子、白浪の、さわぐ磯辺の松原に……」(「我は海の子」)や、「松原遠く消ゆるところ、白帆の影は浮かぶ。干網浜《ほしあみ》に高くして、鷗《かもめ》は低く波に飛ぶ。見よ昼の海、見よ昼の海」(「海」)という歌もある。

しかし、現在の子どもたちは白帆も知らなくなっているし、鷗も実際には見ることが少なくなっている。そういう状況で、海や海岸線が日本人の精神に何か意味をもつのだろうか。海辺には青い松原がえんえんとつづき、これに白い砂浜がつづいて、そのさきに浜辺を遠くまで歩いていったところで初めて海になる。逆にいうと、遠浅の海があって、緩やかな砂浜がつづき、白い砂と、青い松、そういう「白砂青松《はくしゃせいしょう》」の風景がずっとつづいていた、という明治のころから高度経済成長のころまで日本全国の風景が、いまでは多くの海岸線から失われている。

白砂青松は昔からあったのか

だが、そういう「白砂青松」の美しい海辺の風景は、古代からずうっとあったのだろうか、と改めて考え直してみなければならない。

結論を先に言ってしまえば、これは江戸時代につくられた日本の風景なのである。そして、その白砂青松の風景を日本人が美しいとおもう、その美意識は江戸時代の日本人によってつくられたものなのである。それ以前は、白砂青松の風景というのは、意外にも日本にはあまりなかった、とおもわれる。江戸時代の二百六十年間をかけて、各地で砂原に松を植えて作った場所がほとんどなのである。

これは、徳川幕府が米本位制をとったことに立脚して、各藩が平和で安定した長い時代のなかで新田開発をすすめたことによって、多くの水田がつくられるようになった結果である。海岸近くの葦原を開墾し、浅い海を干拓したりして、水田をつくる。そして、その新田が海潮に侵されないようにし、また海の風、つまり塩を含んだ風が直接水田の稲穂にかからないように、海岸に潮風に強い松を植え、防風林、防砂林、それに海潮を防ぐ、というういくつもの目的のために松原を作ったのである。要するに、水田耕作が盛んになってから、全国の海辺に松原が作られるようになったわけだ。

　もちろん、松林が古代や中世になかったわけではない。ただ、松は多くの荒れた山地に自生していた。ところが、松という植物は痩せた岩場でも生えるし、土がちょっと潮を含んでも耐性をもち、潮風に対しても、広葉樹はダメだが針葉樹のとがった松の葉は強いので、海辺でも生き残っていた。むかしの人が、松が海辺の岩場などに生き残っているから、松林が防風林、防砂林として役に立つんじゃないか、と考えて、水田を広げ、干拓をすると同時に、その水田が海と接触する場に松林を作る、という工夫をしたのである。海辺の松原は、このように江戸時代に人工的に作られたのである。

　それゆえ、「白砂青松」の風景は、日本の原生的な自然林がもたらしたものではなくて、米づくりが盛んになって日本全国に広がっていった江戸時代に、併行的に作られていった。つまりは人工的な風景である、といってよいのである。

砂浜が消えた

　日本における海岸線の風景は、近年、非常に大きく変化してきている。わたしたち多くの日本人が、美しく懐かしいとおもう白砂青松の風景も、実は江戸時代に作られた風景だと考えると、ただたんに白砂青松が失われた、哀しいと嘆く必要はないとおもわれる。しかし、現在のように多くの海岸に防波堤を造って、コンクリート製のテトラポットを埋めていけばいいかというと、それは機能だけを考えた、あまり美しい風景とはいえない。あらゆる港や海岸に防波堤やテトラポットを備え、美しい海岸線をなくしてしまう日本の国土計画というのは、美観のうえからばかりでなく、持続的な自然の保全のしかたや風土観のうえからも考え直さなくてはいけないだろう。

たとえば、房総半島に九十九里浜《くじゅうくりはま》というのがある。この九十九里浜という地名は、鎌倉時代以後につくられたものである。この地方の伝説では、鎌倉時代に源頼朝が伊豆半島での挙兵に失敗して房総半島に逃亡し、土地の豪族に助けられて亡命生活を送っているときに、九十九里浜を訪れた。そのとき、当時一番飛ぶ大弓で五〇〇メートルくらい飛ぶと考え、これをその当時の一里とみなした。そこで、百回にはちょっと少ない、と数えて九十九里、というふうに命名した、というのである。つまり、弓で五〇〇メートル飛ぶ矢を飛ばしていったら、百回近くを要するぐらいの、長い長い砂浜の海岸線だった、という意味の名である。この伝説は、わたしが九十九里浜の南端の太東崎《だいとうさき》ちかくに住んでいた一九七〇年代末に知ったものだ。

太東崎は房総半島の太平洋岸のちょうど中ごろに位置する。そこから、北に一宮海岸を経て、飯岡の助五郎など『天保水滸伝』の舞台になる飯岡町を北上し、銚子までの九十九里の海岸線は、かつてほとんどが遠浅の海に面した砂浜だった。もちろん銚子のところまでくると、昔からドーバー海峡のように岸壁が切り立っていて、その上にいまは銚子の灯台があるわけだ。その銚子の岸壁のちかくまで、えんえんと砂浜がつづいている状態だった。伝説に従えば、九十九里浜の長い海岸線を弓を射続けて歩ける、ということは、その海岸線に人間が歩いていける砂浜がつづいていた、ということでなければならない。

ところが、現在、その九十九里浜には砂浜がほとんどなくなってしまっている。一宮の海岸辺りに少し残ってはいるが、そこでも海岸の砂が波にさらわれないようにテトラポットが埋めてある。そこら辺には大きな防波堤はない。南の大原港とか、勝浦港のところには防波堤があるが、ほかは御宿《おんじゅく》などに代表されるような砂浜がずっとつづいていたのである。だが、その砂浜の砂が太平洋の荒波に持ち去られないように、みぎわから一〇〇メートルくらいのところにテトラポットが設置された。

ところが、それが砂浜維持のためには逆効果だったのである。テトラポットをおいておくと、そこに波が当たり、その波が引いていく際にそのテトラポットの下の砂を削りとっていく。そうすると、土台の砂を持っていかれるからテトラポット自体が低くなった穴の部分に落ち込む。そういう経緯で、海のなかに引きずり込まれてゆく、という結果を生んだのである。それによって、テトラポットの下に砂浜の砂が滑り落ちてゆき、ますます砂浜が浸食されていったのである。そのため、九十九里浜はいまや白い砂の海岸線がつづく形状ではなくなり、太平洋の波が直接、半島の土壌に打ち寄せるようになってしまった。

わたしが房総半島に住んでいたのは、一九七九（昭和五十四）年から十年ほど、いまから二十年ちかく前までのことである。三十年まえには貝のとれる砂浜がつづき、そこに浜ぼうふう（セリ科の植物で、刺身のつまに使う）が生え、そうしてハマナスが咲いている、という美しい砂浜だった。牧野富太郎博士が海浜の植物を採集したのも、その太東崎の海岸の砂浜だった。

ところが、その砂浜の砂がつぎつぎに海に吸い取られ、結局、砂浜は十年のうちに消滅して、小さな崖のような状態になってしまった。これと同じようにして、房総半島の北端の銚子の海岸線の断崖からも下の砂が取り去られている。それを防ぐために、断崖の土壌の部分に補強工事をして崩落を止めた。すると、海岸に砂が補給されなくなったので、砂浜が急速に消滅し、荒波が直接断崖にあたって、結局、崖の岩が削り取られていく。そうして、房総半島の九十九里浜は、いまではその長い海岸線の砂浜がほとんどなくなってしまったのである。

「泥の文明」という視点から

そういう海岸線の現状であっていいのかということも、わたしたちはいま考えなくてはならない。ともかく、九十九里浜のばあい、三十年ほどでそれほど大きく海岸線の様子が変わってしまったわけであるから、千年ほどの歴史的射程で考えると、日本の海岸線がその自然的条件によって非常に大きく変化してきていることがわかるだろう。

それに加えて、海岸線は人為的条件によって、ある歴史の時点で劇的に変化してきたことも視野に入れなければならない。それは、人間の住む場所や地域社会にも変化をもたらすのである。海岸線の変化は、水田耕作の方法の変化、たとえば山の上のほうで棚田ふう、もしくは朝鮮式の三ヶ月形の水田で米づくりをしていた時代から、平野で方形の水田をつくって米づくりを行う中国王朝の方式に変わり、そういう方形の水田を海際にまで拡張してゆくことによってももたらされた。また、その変化は、たとえば船の喫水線《きっすいせん》の深浅に関わっていたり、その海岸線近くで近代産業が興るかどうかという問題にも関わっていた。

そうだとすると、海岸線一つをとってみるだけで、日本人の歴史というもの、日本人がどういうふうに生きてきたか、そしてその文化、つまり日本人の生きるかたちはどのように変わってきたのか、にも関わってくるのである。

わたしは西のインドのバラナシー（旧ベナレス）あたりから東の日本列島までの、「泥の風土」に生まれた東そして南アジアの文明を、「泥の文明」とよんでいる。それは、日本に即していうと、「泥の風土」のうえで米づくりと物づくりの文化を生み出し、そこに育《はぐく》まれてきた文明といえよう。

米づくりが同じイネ科の麦やトウモロコシづくりと大きく異なるのは、米が山から海へと注ぐ河川の、つまりは地表を流れる水によって生育するのに対して、麦やトウモロコシが地中の水を吸い上げて生育する点である。米は、山から毎年流れる河川の水によって、千年に及ぶ連作が可能であるのに、麦やトウモロコシは地中の水を吸い上げて地表に塩分を残すので、オーストラリアや中国では三年で転作をしなければならない。「泥の文明」で米づくりが中核をなすのは、その違いのためである。

そして、この「泥の文明」の理念とは、西洋のように表土が薄いため、牧草しかつくれず、その結果として牧畜を根底とした「石の文明」と大きく異なるものとなる。西洋の牧畜では、まず土地の私有権が確定されなければならない。そのうえで、自由な競争が行われる。そこで生まれる西洋の理念が「民主」である。これに対して、東・南アジアの「泥の文明」は水と土を共同利用するため、自然との「共生」、そして隣人および隣村との「共生」――シンバイオシス(symbiosis)――が理念となる。そのことは、水を共同利用する米づくりの方法、そこで行われるムラ共同体の維持の仕方、それを包みこむ自然と人間との共生、あるいは村と隣村との共生のかたち、そうして一つの国と隣国との共生の関係、という広い文明的な理念で考えられることになる。

もちろん、その「共生」の理念は、たんに米づくりの農耕民族のものではない。いや、その農耕を根底とする民族の生きかたのなかで文化(生きるかたち)を形づくったがゆえに、漁業を営む漁民にも及んだ文化なのかもしれない。そのことに気づいた一つの事例をあげてみよう。

それは先に名をあげた瀬戸内海の鞆《とも》の浦に関わっている。鞆の浦はむかし、瀬戸内海を航行する船が潮待ち、風待ちする港であったが、その地場産業とすると、鯛《たい》漁で有名だった。漁村ぜんたいで、一緒に舟を出して共同で鯛をとるのである。そういう漁業にあっても、今の自分たちが収獲を得るために、海の収獲物を独り占めしてしまうということは許されないことであった。魚が子どもを産む時期にはとらないなど漁期を決め、また一定量以上はとらない。そうでないと、生産の場としての海は死んでしまう。大西洋の鯨が十九世紀半ばに、ほぼ絶滅してしまったのは、これを照明用の灯油に使うため、オランダやイギリスなどの西洋諸国が乱獲したことが原因である。

それはともかく、海で漁業を長くつづけていくためには、漁民は一つの土地に定住する農耕民のように、海との共生の方法をとったのである。たとえば、漁村のなかで働き手がいない家があると、その家の人びとにも収獲物を分け与える。なぜなら、たとえいまは〇歳の子どもでも二十年経つと大人になり、立派な働き手になる。そういう、半永久的な自然のもとでの長い時間的な生活の考えかたによって、一時的な勝者や敗者、あるいは強者と弱者という分けかたをせずに、共同体のメンバーが共生する方法を考え出す。つまり、ムラ共同体というのは、農村だけでなく、農耕社会に付随する漁村においても組織されていたのである。

御弓神事のオール引き分け

鞆の浦には、共生という理念を具体的に表わす、御弓神事《おゆみしんじ》という伝統行事がある。鞆の浦を見下ろす小山の上に、沼前《ぬなくま》神社がある。九〇五年に編纂がはじめられた「延喜式《えんぎしき》」に名まえが出てくる、古い神社だ。沼前の名は、丸い入江の鞆の浦ぜんたいをいわば沼として捉え、その前にある神社という意味だろう。

その沼前神社でおこなわれる御弓神事は、各村々からの代表者が弓を射て、誰が一番かを競い、その行事を神様に奉納するものだ。つまり、柱を賞品に相撲をして力の強いものを決め、その行事を神に奉納する隠岐島《おきのしま》の柱相撲、別名、古典相撲と同じ性格をもつ神事である。

隠岐の柱相撲のばあいは、チャンピオンすなわち大関まで決めるのだが、二番勝負の成績表のうえでは、すべての対戦が一対一の結果になっている。詳しくいうと、勝負は二番おこなわれ、一番目の勝負は実力勝負、二番目の勝負は、一番目に勝った者が負けた者に対して巧みに負けてやる、という仕組みである。それゆえ、成績表を見るとみんな一勝一敗になるわけだ。一番目の勝負に勝った者が勝ち残っていき、最終的に大関まで決定され、大関が家の大黒柱にする柱を持ち帰るため、柱相撲とよばれるのである。

しかし、勝負の次の日になれば、島中に自分が勝ったのだから一番の強者である、あるいは選ばれた者である、と自慢することはできない。そんな言動をすると、自分が一番強い、他のものは弱い、敗者であると一年間威張り続けることになり、島中に和を保ち、ムラ共同体が一致協力して米づくり、水田づくりをしていくことができなくなるからである。そういうことをさせないために、成績表を見るとすべて引き分けという結果になっていて、勝負の次の日には強い者も弱い者も一緒になって、同じ村の田んぼで同じ太陽と山からの水と風を使って米をつくる、と考える共同体成員の作り出した神事なのである。これはつまり、「泥の文明」の共生という理念を支えている神事と考えることができる。

そして、この柱相撲と同じような考え方が御弓神事なのである。鞆の浦の漁民たちが各集落から代表を出し、約二八メートル先の的をねらって弓矢の勝負をするわけであるが、その的には「⿱男ム」と書いてある。「⿱男ム」は作字であるが、この字は男たちがひじ（ム《わたくし》）を張って「この収獲物はオレのものだ」と争う様子を表現した形象文字の作字である。これは、のぎへんをつけてもつけなくても「わたくし」という意味をもつ「ム」という文字が、ひじを張って収獲物を争い独り占めしていく、という意味にもとづいている。ただ、そこで、自分が勝った、自分が強いので収獲物を独り占めにする、ということになると社会に争いが絶えない。それゆえ、争い（競争）という意味においては相撲と同じ意味あいをもつ、神前で弓を射る勝負を利用して争いをおさめ、今年も同じように共同の海で鯛をとって、この海で共存して生活してゆく、という共生の形式にしないといけないのである。

御弓神事の的（出展：『鞆の浦の自然と歴史』、福山市鞆の浦歴史民俗資料館）

つまり、勝者がすべての収獲物を独り占めしたり、一年で海の幸を全部とりつくしてしまう、というようなことはしてはいけない。みんなで長くこの海を利用し、海によってともに生かしてもらう。すなわち、同じ海によって生活する漁村で共生していくことを理想としなければいけない。そのばあい、「⿱男ム」と書いた男たちの競争のための的が用意されるのである。

ところが、この的の裏側を見ると、「勝負無し」と書いてある。つまり、競争して誰が一番強いのか、勝者なのか、ということは勝負を見ている人にはわかるのである。それを、最終的には「勝負無し」ということにして、勝ち負けを競うという行為のみを神に奉納する。漁民のルールとしては勝敗がつかなかった、というふうに勝負をおさめてしまうのである。これこそが共同体を維持し、海辺に生きていくものたちの共生の理念にもとづく生き方であった、といえようか。

国づくりの手立てとして

江戸期までの日本の海辺の村というのは、鞆の浦の例でよくわかるけれども、ほとんどが、小さな円形の入江に平らな土地が接して漁村がつくられている。平野では米がとれ、家の周辺では野菜などもとれる。そういう平野を背景にもった円形の浅い海が湊《みなと》として役に立つと考えられてきたのである。鞆の浦が、奈良時代から明治のころまで千年にもわたって繁栄し続けてきた理由は、まさにここにあるといえよう。近代になると、この、浅く入江状の小さな湊は衰退してしまい、かわりに、瀬戸内海では児島湾の水島ドックのようなところが繁栄するようになった。もっとも、児島湾の多くは浅いので、その浅い部分は干拓して広い水田をつくって穀倉地帯にし、海の深い部分を造船所をふくむ工業用の港につくりあげたのである。

一九六〇年代、日本の全国にいくつか未来干拓地という場所があり、浅い海を干拓して、米づくりのための平野をつくり、水田を広げていった。その代表例としてあげられるのが、秋田県の八郎潟である。海に突き出た男鹿《おが》半島の根元にある汽水《きすい》湖を埋め立て、土壌中の塩分を洗い流し、田畑に作り替えたのである。これによっていまでは巨大な米作地になり、いわば一つの大きな農場ができあがったわけである。

児島湾もそのほとんどが埋め立てられ、現在では平地の水田になり、かつてそこに海があったようには見えない。経団連会長をつとめ、国鉄民営化をすすめるための第二臨調（臨時行政調査会）の会長となった土光敏夫の生家は、ここにあった。土光が生まれた明治半ばには海産問屋を営み、家の前には海が広がっていたそうである。かれは中学生時代、家の前から岡山中学（旧制）に通うさいには、朝、綱で舟を曳いて岡山の市場に荷を下ろし、学校が終わるとその舟に乗って川の流れに従って家に帰った、という。

その児島湾が戦後、ほとんど埋め立てられたのである。そのため、海岸線に接していたかれの家跡は、いまでは内陸に位置するようになってしまった。

この児島湾と同じようなかたちで、日本では戦後、多くの場所で、米づくりに必要な水田の拡張のために干拓がすすめられた。有明海の諫早《いさはや》湾のばあいも干拓が行なわれ、浅い海を平野にして米づくりに役立てようという計画がたてられた。ところが、それはいまから四十年まえの計画であり、現在の日本の米の消費量は当時の二分の一に減ってしまい、各地で減反を重ねても、消費量をまかなえる状態になってしまっている。つまり、米づくりのために水田をつくり、そのために海を埋め立てるという計画は、二十世紀の末の日本にはもはや必要のない、時代後れのものになっていたのであるが、一九六〇年代ころにはそれがまだ国家政策として行なわれていた（二〇〇八年の高裁判決では、海に自然をとりもどすため、諫早干拓ダムの開門が命じられている。この判決に従って開門されると、有明海の水は再び、干拓された内陸に入りこむことになる）。

こういった干拓のため、半世紀まえには海岸線に接していた家々が、いまでは内陸に位置する、という状態が、八郎潟、児島湾、諫早湾などでは数多く見られる。

愛媛県の宇和島では、幕末期に海に面していた砲台場は、いまや海から遠ざかって、陸中にとり残されている。海は、その砲台場跡から二キロメートルも先に行かないと見えないのである。

東京のばあいは、銀座や深川や築地など、ほとんどが埋立地である。浅見淵《あさみふかし》は昭和十二、三年ごろの東京について、『泉鏡花と人力車』（昭和四十六年）で書いている。「いまはすっかり埋め尽されて残っていないが、銀座界隈にも幾筋か掘割りが流れていて、満ち潮になると、プンと銀座街頭まで潮の匂いがしてきたのを覚えている」、と。

こういった海岸線の後退は、日本ばかりではない。台湾の台南市の中央部に、オランダがつくった海の要塞、赤嵌城《せきかんじょう》（プロヴァンシア城）がある。ここに、東シナ海に向けた大砲が設置されていた。つまり、四百年まえは赤嵌城の目の前は東シナ海だったのである。

明治の末、埴谷雄高《はにやゆたか》さんの両親が船で台南に着いたときにも、その上陸地は赤嵌城の脇だったそうである。しかし、百年ちかく後の現在、そこは町の中心部で交通の要所である。海は赤嵌城から一〇キロメートルほども西の、安平港《アンピン》ちかくまで行かないと見えない。

すでにふれたように、大陸中国の東シナ海に面した海岸線は、大河の河口ちかくでは、この千年で二〇キロメートルほど海のなかに入り込んだ、といわれる。「黄河海に入《い》りて流る」という古詩があるが、黄河は長年にわたり黄土を海に流しつづけて、陸地を大きく広げたわけだ。

海岸線というものがそのように変化してきている背景には、すでにふれたような自然的条件や人為的条件のほかにも、いくつかの変化の条件——たとえば川のつけかえ——というものが考えられるが、いずれにしても、かつてあったような海岸線の風景は、歴史のなかで大きく変貌しているのである。その海岸線の歴史を考えることによって、日本人の生きかた、つまり文化の変容もみえてくるのではないだろうか。

第二章

山中に海があった——古代を中心に

『土左日記』に出てくる大湊

古代において、日本の海岸線がどういう形状をしていたか、また船がどのように航海していたか、ということから記述をはじめたい。

これは古代のうちでも、神話時代ではなく、歴史的に新しい、律令時代だが、現代との変化を見るために、紀貫之《きのつらゆき》の『土左（土佐）日記』の一節を例にとってみたいと思う。『土左日記』は周知のように、「をとこもすなる日記《にき》といふものを、をむな（女）もしてみむとてするなり」で始まっている。四国の土佐（高知）に国司として赴任し、のちに『古今集』を編纂することになる紀貫之が、任期を終えて土佐から京都に戻ってくる間の日記である。

貫之は、国司の役所があるところから、「大湊《おおみなと》」という港に着く。千百年ちかく後の現在では海岸が干拓されて、昭和の初期には飛行場になり、戦時中は特攻機が飛び立っていた。現在では幅三メートルから五メートル、深さは一メートルもない小川に近い水辺になっている。

土佐の大湊といっても、実は当時、狭く浅い港だった。ちなみに、湊《みなと》とは、水上航路の集まってくる場所という意味で、船の出入りする港《みなと》と同じ意味である。

紀貫之はその大湊から船出をしたわけだが、実際には波の状態や風の状況をみるために、承平四（九三四）年の十二月二十九日からずうっと、二日も三日も六日も同じ港にいた。

その翌年の一月五日の記述に、「風浪《かぜなみ》やまねば、なほ同《おな》じ所《ところ》にあり」という文句が出てくるように、大湊は波や風を、一応よけられるような入江の港であった。その波風がおさまるまで、いつまでたっても舟が出せない。こういう記述によって、その大湊の場所がまず、外海に面した浅い水際《みぎわ》、渚の入江であったということがよくわかるだろう。

貫之は前年末の二十九日に大湊に着いているわけだが、七日経っても八日経っても舟が出せない。正月七日に、まだ大湊にあって、彼が童《わらわ》に歌わせた歌がある。その歌は、「ゆくひともとまるもそでのなみだがは（涙川）みぎはのみこそぬれまさりけれ」というものだ。――みぎわ、水際が濡れているように、みんな涙に濡れている。傍らにいる自分も、つい貰い泣きすることである、と。

こんなところにも、「みぎわ」、すなわち水際という言葉が出てくるのだ。

そしてやっと、一月の九日になって舟は出港することができたのである。「九日《ここぬか》のつとめて（早朝）、大湊《おほみなと》より奈半《なは》の泊《とまり》を追《お》はむとて、漕《こ》ぎ出《い》でけり」。現在でも、この奈半は、奈半利《なはり》川などの地名として残っている。ちょうど土佐の大湊から室戸岬への途中に、この奈半の港があり、このように四国の小さな浦々に泊まりながら、貫之は帰京の船旅をしてゆくのである。そして室津、奈良志津という港を、経てゆく。

二月一日になると、やっと一ヵ月かかって、和泉の灘というところ、いまでは大阪府の和泉市であるが、その港にたどり着くのである。ちなみに、「灘」は「湊」の対語にあたっていて、水上航路があまりできない、つまり舟の着く港となりえない難所、それゆえに「氵」に「難」と書くのである。

ここで、『土左日記』にきわめて面白い記述が出てくる。まず「海のうへ、きのふのごとくに、風浪《かぜなみ》みえず」。これは、今日は風も波もそれほど荒くない、ということだ。「黒崎《くろさき》の松原《まつばら》を経《へ》てゆく」。黒崎は地名であり、その松原が見える沿岸を浜沿いに舟が北上して浪速《なにわ》、つまり大坂を目指すのである。このあとの条《くだ》りが面白いので、引用してみる。

ところの名《な》は黒《くろ》く、松《まつ》の色《いろ》は青《あを》く、磯《いそ》の浪《なみ》は雪《ゆき》のごとくに、貝《かひ》の色《いろ》は蘇芳《すはう》に、五色(ごしき)にいまひと色《いろ》ぞ足《た》らぬ。

すこし詳しく注釈を入れてみると——地名に黒という言葉が入っているということで、黒崎という「ところの名は黒く」、松は青く、磯の波は雪のごとく白い。そして、海辺にある貝の色は、すこし紫色が入った黒味をおびた赤色を示している。

紀貫之は右の末尾部分に「五色にいまひと色ぞ足らぬ」と付け加えている。これは、当時の道教的な五行説からくる発想で、すでに黒があり、青があり、白があり、赤があるが、五色には一色足りない、という指摘である。

黄帝・黄土・黄河

道教の五行説にもとづけば、東西南北という方角の東が青、南が赤、西が白、北が黒。これは、春夏秋冬の季節にも当てはまるが、とにかくその五行説によって方角が決まり、その色も決まっている。そして、忘れてはならないのが、中央という五番目の方角があって、その色は黄である。中国の皇帝というのも、普通は皇帝と書くが、伝説的なそれは黄帝と書く。中国で一番貴い色は黄で、これに従って、黄土であり黄河であり黄帝であるという規準が生まれる。北京の故宮《こきゅう》の屋根の色が黄色であるのも、そういう五行説の規準によっている。朝日が当たれば黄金色、昼には朱に近くなり、夕方には赤色に変わる。中央、皇帝の色は、五行説によって、黄色であると決まっている。つまり、五色のなかで一番貴い黄色だけが足りない、と紀貫之は書いているわけだ。当時の五行説の、世界は五つの要素でできているということの五番目の黄色だけが足りない、というのである。

では、その五番目の黄色はどこにあるのだろうか。この『土左日記』では書かれていないのである。現実にありうべくもないほどに貴い、ということだろう。では、その高貴なる黄色は、どこに隠れているのか。それは、京都の北奥の貴船《きぶね》にあるのである。

貴船神社は、いまでは「貴船」と書く。後に詳しく述べるように、この貴船神社は、和泉式部が恋の成就を祈るためにおとずれた恋愛の神社として今でも有名であるが、この貴船というのは、本来、五行説に由来する「黄船」なのである。これは、皇帝、もしくはそれに近いような貴人が乗っている船を意味する。つまり、現実にはほとんど見ることができない黄色い帆をあげた船である。古代において、そういう貴人の乗る高貴な色の船がたどり着いた幻境（ユートピア）のような場所として、貴船神社が存在したわけである。

大坂からさらに淀川をさかのぼること三〇キロ、京都の奥、北山に近い鞍馬山の山ふところに貴船神社は、ある。また、山陰の出雲で言えば、江戸時代につけかえられ今では宍道湖《しんじ》に注ぎ込む斐伊川《ひい》が、当時は出雲大社の脇に流れ、日本海に注いでいたのであるが、その出雲大社から三〇キロほども山中にさかのぼったところに貴船神社がある。京都と出雲に、まったく同じ名の神社があって、そこに海神の娘である貴人がたどりついた、という伝説があるわけだ。

ともかく、この貴船神社が京都の鞍馬山の山ふところにあるが、そこには日本の初代天皇である神武《じんむ》天皇の母親が舟でたどりついたという伝承がある。要するに、ここは神武天皇の母親がたどりついた貴い神社、というわけである。貴船神社は、和泉式部が「ものおもへば沢の螢もわが身よりあくがれいづる魂かとぞみる」という、名歌中の名歌を詠んだ場所であるが、その神社の祭神は玉依姫《たまよりひめ》である。

玉依姫は、記紀神話の初代天皇である神武天皇の母親であり、この玉依姫が建てたという縁起の社が、貴船神社にほかならない。玉依姫は父親が海神「わだつみ」であり、竜神でもある神の娘で、姉が豊玉姫《とよたまひめ》である。豊玉姫が彦火火出見尊《ひこほほでみのみこと》すなわち山幸彦《やまさちひこ》と結婚し、竜宮城から海辺に至った。しかし、鸕鶿草葺不合尊《うがやふきあえずのみこと》を産んだまま仲違《なかたが》いをして海神の国に帰ってしまったために、妹の玉依姫は姉の息子、つまり自分の甥を養育し、後にはその后《きさき》となって、神日本磐余彦《かむやまといわれびこ》、すなわち神武天皇を産んだ、という神話になっている。

そして、この玉依姫ははじめ海神の国から現われたときに黄船に乗っており、淀川から鴨川、その上流の山奥の貴船川をさかのぼって、鞍馬山の山ふところの御手洗川《みたらい》（貴船川）の地に至り社《やしろ》を建てた、というわけである。

ところで、京都に帰る紀貫之が舟で淀川に入ったということは、その先に必ず鴨川、そしてまた貴船川があり、五番目の色であるところの貴船川の黄色は、かれの想像のなかでは見えているのである。五色の色には一色足りない、という『土左日記』の記述の前提として、京都の宮廷人はみな貴船神社のこういった伝説を知っていた、と考えていいだろう。翻っていうと、古代人の意識のなかでは、貴船神社の川の水は海につながっていた、と考えてもいいのである。

もちろん、『土左日記』に出てくるように、海を渡る船と淀川をさかのぼる舟というのは大きさが違うので、乗り換えをしなければならなかった。しかし、それは船に乗っているものからすれば船旅をするさいの一連の行動であったといえるだろう。

綱手《つなで》によって曳かれる船

ここで、一つの疑問が生まれる。それは、海に面した淀川から、鴨川、貴船川へとさかのぼってゆくことが、たとえ舟をやや小さなものに乗り換えたところで、はたして可能であろうか、という疑問である。川は上流に行けば、流れは急になり、それをさかのぼることは、帆船であれ、櫓《ろ》の船であれ、きわめて困難になってくるだろう。
ところが、その謎を解くカギが、『土左日記』の続きの部分には書かれているのだ。

……五色《ごしき》にいまひと色《いろ》ぞ足《た》らぬ。このあひだに、けふは箱浦《はこのうら》といふところより綱手《つなで》ひきてゆく。かく行《ゆ》くあひだに、ある人《ひと》のよめるうた、

たまくしげはこのうらなみたゝぬひはうみをかゞみとたれかみざらむ

また、船君《ふなぎみ》のいはく、「この月《つき》までになりぬること。」と歎《なげ》きて、苦《くる》しきにたへずして、人《ひと》もいふことゝて、心《こゝろ》やりにいへる、

ひくふねのつなでのながきはるのひをよそかいかまでわれはへにけり

きく人《ひと》の思《おも》へるやう、「なぞ、徒事《たゞごと》なる。」と、ひそかにいふべし。（傍点引用者）

この文の大意は、――箱の浦という場所を通ってゆくと、この海は波が立たないならば、鏡のようだと思えた。しかし、船乗りが歎くには、ここまで来るのにずいぶんと日数がたって、ついに二月になってしまった、というものである。
この条りで注目すべきは、しかし、そういった船旅の日数をめぐることではない。傍点を付した箇所から明らかなように、和泉灘から黒崎をへて箱の浦に達したところで、貫之の乗った船が、「綱手《つなで》」によって浜辺づたいに曳かれている、という事実である。「綱手」とは、船首に結んで船

を曳くための綱のことで、「ひきでつな」ともいう。つまり、この箱の浦あたりでは、船乗りが岸や浜辺に降り、海上の船を綱で曳いているのだ。

こういった船の運航法は、べつに箱の浦にのみ限られたことではない。岩波文庫で鈴木知太郎がほどこしている「校注」には、『古今集』巻二十から、

「みちのくはいづくはあれど塩がまの浦こぐ舟の綱手かなしも」

という歌が引用されている。

「みちのく」の「塩がま」とは、現在の宮城県、仙台の北に位置し、塩釜神社のある塩釜港のことだろう。ここは古代から有名な港で、船で行く陸奥《みちのく》東北地方への入り口であった。つまり、その陸奥の塩がまの浦でも、船を綱で曳いている、という事実があったわけだ。いや、当時すでに、日本各地に綱での「曳《ひ》き船」という実体や、「曳き船」という呼称があったのである。『土左日記』には、このあと「綱手はや引《ひ》け」という記述や「船ひき上《のぼ》る」という記述が出てくる。とすると、京の奥、貴船川などに船が上流にさかのぼってゆくさいにも、綱手で船を曳いてゆく方法がとられたものとおもわれる。

この「曳き船」を綱手で曳く方法は、現在ではまったく目にすることができなくなっている。ただ、島根県の安来《やすぎ》市にある足立美術館には、横山大観が描いた見事な「曳船」の絵が残っている。船じたいは姿を見せていないのだが、山中の急流にある岩場を二人の曳き手がぴーんと張った細い綱手を肩に、船を曳いている情景が描かれているのである。その力感と、綱手の直線に伸

びる緊張感とが、曲線ばかりの岩場のなかに、白く、細く、鮮やかに浮き出ている。富嶽《ふがく》図などで有名な大観の別の側面を見せてくれている。

それはともかく、この「曳き船」の方法は、古代のみならず、近年まで、岡山県高梁市《たかはし》などでは昭和十五年まで、行なわれていた。高梁市は瀬戸内海に面した倉敷市から高梁川をさかのぼることおよそ五〇キロメートル。中国山地の山あいに位置している。高梁は江戸時代までは備中松山の名でよばれ、その松山城は海抜四二〇メートルの臥牛山《がぎゅうざん》に建てられた、まさしく山城である。高梁川はこのふもとまでくると、渓谷といった感じになる。

江戸時代、高瀬舟が倉敷からここまで高梁川を上ってきていた。高梁が瀬戸内海に注ぐ高梁川河口の倉敷と、なお上流の新見《にいみ》とを結ぶ、水上交通の拠点となったのは、慶安三（一六五〇）年、水谷勝隆が備中松山藩主だった時代である。山陽道から高梁までの山道は急峻で、細く、人馬が通うのに適していなかった。そこで、当時から三百年間、高梁は高梁川を用いての物流によって栄えたのである。

最盛期の江戸後期から幕末のころには、高梁の川湊《かわみなと》に舫《もや》っていた高瀬舟は百三十艘にのぼり、一日二、三十艘が荷や人を積んで川を上下していたといわれる。

その高瀬舟は、大型のものでは長さ一六、七メートルに達する。この長さの舟が、くねくねと曲がり、岩がごろごろと転がっている谷川を上下するのは、なかなか難しい。下るときには、舳《へ》先《さき》でサオをもった舟子（船乗り）が舟をあやつる。逆に上流にさかのぼってゆくときは、舟に帆

横山大観「曳船」（明治34年作、足立美術館〈島根県安来市〉所蔵）

を張るばかりでなく、岸から綱で舟を曳く「綱曳き船頭」が雇われたという。

新見から成羽《なるは》川を下ってくる舟には、鉄（砂鉄）、薪、こうぞ、漆《うるし》の実、麻、煙草《たばこ》などの天然生産物が積みこまれ、高梁の問屋がこれを、川湊で積み替えた。一方、倉敷のほうから上ってくる舟は、塩、干魚、衣類、雑貨などを、同じく高梁の川湊で積み替えたのである。

このような高瀬舟による水上交通も、昭和三年に国鉄の伯備《はくび》線が開通すると、急速に姿を消した。そうして、昭和十五年には、その曳き船が終焉《しゅうえん》をむかえ、綱曳き船頭も永遠に姿を消したのだった。

海の水が町まで入っていた

江戸時代になると、船で大坂湾、淀川をさかのぼって京の伏見までたどり着き、伏見で舟を乗り換えて鴨川をさかのぼるようになった。そういう意味では、海上交通、水上交通というのが、ほんの百五十年まえまで、つまり明治時代になるまでは、旅や物資運搬に普通に使われていたのである。京都からいうと、京都の鴨川などはそのまま海に通じているという感覚が、その時代の人びとにはあったといっていい。

ちょっと記憶があやしいが、古代から中世にかけては、京都の入り口のところに塩釜神社が建てられていた。そこから先は、象徴的にいえば、海につながっているという意味で、塩釜神社が建てられた、というふうに考えたほうがいいのだろう。これは当時の人びとの感覚ではあるけれども、出雲の「鬼の舌震《したぶるい》」のように、ひょっとすると、海の水がそこまで入っていたかもしれない、と想像することもできる。これは、当時は川が陸に大きく切れ込んで、谷のようになっていたためである。

たとえば現在でも、アマゾン川などでは春になると海の潮があがってきて、下に向かう流れの水とぶつかりながら、十何キロも上流まで潮がさかのぼっていくという現象が起きているが、それはかつて日本のなかでも起きていたのではないか、とも考えられるのである。

というのは、現在の海岸線のように防波堤が造られたり、テトラポットが埋められたりせず、川はいまよりもずっと深く、水量も多かった。保水機能をもつ水田がまだ少なかったせいもある。

明治元（一八六八）年の戊辰《ぼしん》戦争のころ、淀川では川の片側に堤をつくり、そこの上だけを歩くことができた。淀川沿いの野崎観音参りなんかでも舟で行ったのだし、戊辰戦争のときにもほとんどの人が京から大坂へは舟で下ったのである。それに、江戸時代までの大河の水は水田にためられ、ゆっくり流れるということはなく、護岸工事もないままで、雨のときには大量の水が流れる、切れ込みの深い急流であるのが一般的であった。

坂東太郎の利根川も、利根というのがアイヌ語のトナイ、つまり、切り立った状態の崖のなかに切り込んでゆく深い谷という意味である。利根川もいまではゆっくり、とうとうと流れているが、ここもアイヌ民族が住んでいたところは荒々しい急流だったのだろう。古代には、どの川も、山から切れ込んだ谷を川が激しく流れるという状態であったとおもわれる。それゆえ、場合によっては、海の潮があがって、川をさかのぼることもあった、とおもわれる。

山の上に舟がのぼっていた

このことを実証できるのが先ほどの斐伊川である。

斐伊川は、日本のなかでこの世のものとも思われぬ色彩の美しい河だとおもうのだが、ここでは古代から上流で砂鉄を掘ってきたのである。当時は鉄穴《かんな》流しという方法で、川のなかに穴を掘り、そこから砂鉄を掘り出すのだが、砂鉄の含まれた赤い砂が大量に下流に流れ、何百年、何千年という間に川砂が赤く（ベージュ色に）染まったのである。この砂鉄を掘るという技術は、新羅《しらぎ》から伝えられたものである。新羅からの渡来人が斐伊川上流にやってきたと考えるのが、自然である。出雲大社に近い出雲市唐川《からかわ》には韓竈《からかま》神社（カンカマさん）があり、また日御崎《ひのみさき》神社の境内には、韓国神社《からくに》があることなども、古代出雲地方と朝鮮半島が隣り合っていたことを実感させるだろう。

それはともかく、砂鉄を含んだ砂が下流の出雲大社近くまで流れてきているのだが、その斐伊川の河口近くでは、川の深さが深くても一メートルていど、浅いと一〇センチほどしかない。川幅だけは一〇〇メートルほどあり、完全に川底の砂が見えるという状態で、その砂は、ベージュ色をしている。ベージュ色の川底が空の色を映すと、水はエメラルドグリーンになる。この鮮やかさがきわめて美しいのである。日本のなかでエメラルドグリーンの水をもつ川は、赤い色の川の名をもつ、斐伊川だけである。記紀神話のなかにさまざまな漢字を用いて表わされる斐伊川（簸《ひ》川）の、斐は赤の色を表わしている。

『古事記』では、八岐大蛇《ヤマタノオロチ》は素戔嗚尊《スサノオノミコト》によって退治される。スサノオは斐伊川の上流、鳥髪山《トリカミヤマ》（いまの船通山《ふなどおしやま》）に降り立ってくるのである。もちろんかれは高天原から追放されて降り立ってくるのだが、天つ国の朝鮮半島、そのうちの海洋民族系の神様である、と現在ではいわれている。姉の天照大神《アマテラスオオミカミ》は米づくりと、機織《はたおり》という農耕民族の伊勢神宮系の神であり、素戔嗚尊は出雲大社系の海洋民族の神であるが、彼は水田に糞をぶちまけたり、機織の糸を切ってしまったりする。これはまさに、その農耕や機織の仕事を大切なことであるとおもっていない民族による行動を意味する。このため、かれは天上界から出雲の鳥髪山に追放されるのである。

素戔嗚尊はもともと海をおさめる神であり、その神が出雲に降り立ってきたということである。

そのスサノオが出雲を支配するわけだが、そのためには陸上を支配するヤマタノオロチを退治しなくてはならない。そこで、かれはこの地方の一番大きな川である斐伊川一帯を支配し、そこに砂鉄の技術をもたらした民族、朝鮮半島から渡ってきた民族を支配するという神話の構造になるのである。斐伊川のヤマタノオロチの記述は、「その目は赤《あか》かがちの如くにして、身一つに八頭《やかしら》八《や》尾《を》あり。またその身に蘿《こけ》と檜《ひ》椙《すぎ》と生《お》ひ、その長《たけ》は谿《たに》八《や》谷《たに》峡《を》八《や》尾《を》に度《わた》りて、その腹を見れば、悉《ことごと》に常に血《ち》爛《ただ》れつ」という状態である。つまり、ヤマタノオロチは、目が赤ほうずきのように赤く、胴は一つだが八つの頭と八つの尾をもっている。その胴には苔がむし、ヒノキやスギが生えている。長い身は八つの谷、八つの丘に渡っており、その腹の部分を見ればどこもいつも血にただれている、というすさまじい有様である。

これは、斐伊川の赤い川の形容といっていいだろう。大蛇の姿にたとえて、斐伊川が赤い砂底を見せながら、幾重にも分かれ、また合わさって流れている状態の形容である。スサノオは、この上流で砂鉄をとっている民族の、そういう砂鉄づくりの土地の支配者になったということである。

「故《かれ》、避追《やら》はえて」、つまり素戔鳴尊は出雲に追放された。その場所は、すでにふれたように、「出雲国の肥《ひ》の河上《かわかみ》、名は鳥髪《とりかみ》といふ地《ところ》」、現在の船通山《ふなどおしやま》である。斐伊川（簸《ひ》川）はここから流れ出ている。そしてこのような上流にまで船通という地名があり、途中には船岡山、そこには船《ふな》林《はし》神社などもあるのだが、これはもしかすると、古代に朝鮮半島からやってきた砂鉄の技術をもった人びとが曳き船でそこまでずっと上ってきた、という伝承にもとづいているのかもしれない。

いや、こんなところまで舟がのぼってこれるのか、という反論も可能だが、しかし、『出雲国風土記』のなかの「郡総記」の国引き神話のくだりには、「河船《かわふね》のもそろもそろに国来々々《くにこくにこ》と引き来縫《きぬ》へる国は、三穂《みほ》の埼《さき》なり」という記述がある。三穂は島根半島の美保神社の土地を指しているのだが、この国引き神話の記述を現代語で解釈すると、――「綱打ち掛けて」河舟をひきあげるように、そろりそろりと、「国よ来い、国よ来い」といって国引きをし、島根の半島をつくった、ということになる。

そうだとすると、古代、出雲国風土記のころには、もそろもそろと河舟を綱で引き上げてくるという実際の情景があった、ということだろう。このような綱手による曳き船の方法がその神話のころから記述されていたとするならば、実際に曳き船という方法、文化、そして風俗というものが古代からあったということの証明になる。

鬼のしたぶるい

曳き船と海の関係については別にまた記述するが、海の潮が川をずんずんさかのぼってくるということが事実あったのかもしれないし、あるいはまた海を渡ってきた民族がそこまで船でさかのぼって入ってきたということを意味するのかもしれず、場合によってはそこまで綱手で舟を引き上げたということなのかもしれない。

さきほどの船通山から流れ出た斐伊川の中流あたり、海から三〇キロほどさかのぼったところには海潮《うしお》温泉という地名がある。この名は『出雲国風土記』のころにすでに海潮《うしお》郡として存在し、現在でも郵便局や小学校にその地名を残している。とにかく、山中にそういう地名が出てくるということは、ここがなんらかのかたちで海とつながっているということを物語っているのだろう。その途中には船岡山、その山頂にはオオナムチ（大穴持＝大国主命）を祭神とする船林神社まである。古代には、そこまで川が深く切れ込んでおり、海からの舟が入り込むことができるような地形だったのではないか、というのがわたしの想像である。

『出雲国風土記』には、いま松江市に属する「忌部《いんべ》の神戸」に関して、「出湯《いでゆ》の在る所、海陸《うみくが》を兼ぬ」という記述もある。温泉がわき出している場所で陸中であり、海に面した場所でもある、ということだろう。

さらに、『出雲国風土記』には、「宇乃治比古命《うのちひこのみこと》」という海神が、その親神である「須我禰命《すがねのみこと》」を恨んで、北方の出雲郡の海から海水を押し上げた、という伝承も書かれている。そうだとすれば、海潮郡という地名は、内陸にありながらここまで海水が押し上げられた、そういう地形なのにちがいない。大原郡（現、雲南市）の船岡山についても記述があり、それは、他には見えない阿波枳閇委奈佐比古命《あはきへわなさひこのみこと》が船を曳いてきてここにすえおいた、それがこの船岡山になったという伝承である。その伝承のもとは、少なくともその地までは舟が来たことがある、ということを意味するのではないか。

いずれの伝承も、斐伊川の川筋に海のイメージが色濃く残っていることを物語っている。山と海が川をあいだにして、強くつながっているわけだ。

また、そのことを象徴するように、斐伊川の源に近い仁多郡《にた》に、「鬼の舌震《したぶるい》」という注目すべき地名がある。ここは、海から四〇キロほど入った、船通山に近い場所であるが、仁多町の山奥で川に奇岩がごろごろと転がっている。『出雲国風土記』の時代から江戸時代までは「恋山《したいやま》」という優雅な名前をもっていた。

この「恋山」の名の由来は、――「昔、仁多郡の恋山に玉日女命《たまひめのみこと》という美しい女神がいました。この女神をしたって一匹のワニが海からはるばる川をさかのぼって来ました。それを見た女神は驚いて、大きな岩で川をふさぎました。そのためにワニは女神に会うこともできず、ひとり恋い慕ってもんもんとしながら、そこから先には進めなかったのです」、というのである。

つまり、この、川をふさいだ大きな岩がごろごろと転がっている場所に、「恋山」という名前がついたのである。この伝承のなかのワニというのは、因幡《いなば》の白ウサギ伝説にも出てくるわけだが、海洋民族が川沿いに内陸までさかのぼってきたことをさしている。白ウサギは山あるいは陸の動物であり、ワニ鮫《ざめ》――正しくはインド伝来のワニだろうか。インドの伝承にも、ウサギがワニの数を数えるものがある――の背中を隠岐島から因幡まで渡ってくるという伝承は、陸の民族と海の民族との交流・衝突と捉えることができる。因幡から出雲、斐伊川一帯というのは、山奥の「恋山」のところまで海を渡って海洋民族が入ってきたとも考えられるし、海の水が実際にその山中にまでさかのぼった事実があった、と考えることもできよう。

古代の山中には、内陸のかなり深くまで、四、五〇キロ奥まで海の水が入り込んでいたと考えたほうがいいのかもしれない。関東の荒川は川越市（埼玉県）ちかくまで貝塚があり、また利根川はかつて古河《こが》市（茨城県）まで海が切れ込んでいたように、切り込みの深い谷というのが、古代あるいは神代の時代の日本の原風景であったとおもわれるのだ。

要するに、古代の海岸線というのは、現在のように河口のところで海に接しているのでなく、内陸の奥深くまで海潮が入り込む海岸線だったと考えたほうがよいのだろう。海洋民族はもちろんそこまで入り込んで、川沿いに住みつき、海の船はそこまで入ってきたと考えたほうがいい。ワニの「恋山」伝説は、そういう事実に立脚した神話であるとおもわれる。

以上は神話の世界ではあるが、実際に出雲にも京都にも貴船という神社が存在することからも、そういう海からの船の存在を事実として考えたほうがいい、とおもわれるのだ。

大陸と日本の真ん中

古代のみならず中世までの船というのは、『土左日記』の船のつくりと同じく、底の浅い、お椀《わん》型である。つまり、イカダ状の木船、のちには白帆を立てて海岸沿いの遠浅の海を真横に走り、そうして浅い湊にたどりついた、ということだろう。

そういう古代の船と湊との関係を記述した文献は、一番古いものとしては『出雲国風土記』、

『古事記』や『日本書紀』などだとおもわれる。その時代から王朝ができはじめ、そうであるからこそみずからを正当化する歴史を書き残そうという権力の意志が生まれたわけである。つまり、自分たちの王朝や政権の物語を書くわけである。自分たちがいかに古い存在であるか、あるいは正統性をもった権力であるか、そういったことを書き残すものとして歴史はあったのである。現実の問題でいうと、それは当時、先進的で、由緒正しき中華文明とのつながり、そうしてまた朝鮮半島の新羅や百済《くだら》との関わりをふまえつつ、それらと切れて独立したみずからの由来を語るというのが、『古事記』などの歴史物語だったのである。

ところで、その古代に役に立った港は切り立った谷にある、水深の深い港ではない。深い港は陸の奥のほうまで入っていけるという意味であって、実際にたどり着いて、その周辺に家を建て神社を建てることのできる場所というのは河口の一番海寄り、さきほどの例でいうと、山中の貴船神社ではなく出雲大社に面した浜になるわけだ（当時、斐伊川は宍道湖にではなく、出雲大社側の海に注いでいた）。

同じように、中国大陸に行くにも、あるいは朝鮮半島に行くにも、そういう小さな円形の浦々を湾岸に沿って航行するというかたちにならざるをえない。今日の日本では一番端のほうに位置している平戸《ひらど》島の南端、志々伎《ししき》のあたりは日本全図には入りきらず、別枠に描かれる状態であるが、その志々伎という地名は古代日本においては、大陸に一番近いところという意味をもっていた。

要するに、その志々伎が、奈良、京都の日本の中心と中国大陸とのちょうど真ん中というか、中間に位置する一番重要な港であるという認識である。この志々伎から見ると、日本の本州に渡るのと同じくらいの距離のところに朝鮮半島があり、東国つまり関東地方までの距離は中国大陸の寧波《ニンポー》や上海に渡るのと同じくらいの距離になる。日本からいえば、大陸に渡る最終の港がこの志々伎なのである。

和銅六（七一三）年に勅選の命令が出た『風土記』には、肥前国「値嘉《ちか》の郷」の項に、遣唐使が志々伎から西の小値賀《おちか》島に渡り、そこから中国大陸に渡ったと推測される記事がある。それくらい志々伎というのは有名な土地であった。

ちなみに、小値賀島は志々伎から西の海上二〇キロほどのところにある。そこにはいまも、唐見崎という名の岬がある。唐が見えるほどの近さにある岬、という意味だろう。

『肥前国風土記』のなかには志々伎が次のような記述において出てくる。「第十二代景行《けいこう》天皇（在位七一～一三〇年、倭　建　命《やまとたけるのみこと》の父親）が即位十二年目に九州に巡幸に来て、志々伎に行宮《あんぐう》をもうけた」と。つまり、景行天皇自身が志々伎をおとずれたというのである。また、そのくだりには、「むかし同じ天皇が巡幸されたときに志々伎の行宮において西の海をごらんになると、海のなかに島があって」――この島は小値賀島などをさすが――「烟《けむり》がたくさんたなびいていた」。付人の阿曇連百足《あずみのむらじももたり》――舟行に長じた沿海の安曇（阿曇）族――に見にやらせると、島が八十あまりもあった、という。

この氏族の名は、近江の安曇《あど》や信州の安曇野《あずみの》にも同種の地名があることから、それらにも同じく安曇族つまり海洋民族が入ってきたと考えていいとおもわれる。その海洋民族が大きな木を切り出して、それを海に浮かべれば舟になるし、建てれば神社になる。このように、海洋民族が建てた神社は、出雲大社にしても諏訪大社にしても伊勢神宮よりも高いのである。出雲大社は大きく高く、当時の高さは六四メートルあったといわれている。この安曇族が結局、五島列島の南の小値賀島から出雲大社、長野の諏訪大社まで北上しているということになる。ちなみに、諏訪大社の絵馬は海を渡る舟なのである。もっと北に行けば、青森の三内丸山遺跡の高い神殿になるとおもわれるのだ。

ともあれ、天皇が「阿曇連百足に命じて見にやらせると、島が八十あまりもあった。なかで二つの島に人が住んでいた。第一の島は、名を小近《こちか》といい」――小値賀島である――「土蜘蛛の大耳《おおみみ》」がすんでいた。第二の島は大近《おおちか》といい、「土蜘蛛の垂耳《たりみみ》がすんでいた」。阿曇連百足がその大耳を殺そうとすると、天皇の食料を作って御前にお供えするから許してくれ、と言った。そしてなが鮑《あわび》、むち鮑、みじか鮑、陰鮑、羽割《はわり》鮑などのアワビの加工品を献上することによって、放免された。天皇は、「この島は遠くはあるけれども、意外に近い。近《ちか》島というべきである」と仰《おお》せになった。これが値嘉《ちか》島、こぢか、おぢか島の名の由来であるという。このように、志々伎や小値賀は、奈良や京都の朝廷と直接つながっているのである。当時の日本の畿内から意外に遠い地点まで朝廷の力が及んでいたということになる。それは当然、朝廷が中華文明と接触するためにそういう島々を必要としていたという現実を物語っているとおもわれる。

ついでながら、志々伎には船越という地名がある。平戸島の南端の陸上が細くくびれた場所で、東シナ海に面した志々伎湾から陸上五〇〇メートルをへて、平戸瀬戸へと抜けてゆく。その陸路を船が越えてゆくので、船越の名がついたのである。対馬でも、古代からずうっと、大船越、小船越の二つの陸路が、日本海から東シナ海への通路になっていた。

鞆の浦

『万葉集』では意外にも、当時の海の情景や島のありさまを詠んだものが多い。これは、当時の遠方への交通が、陸上交通よりも海上交通のほうがはるかに便利であったという事態を意味している。『万葉集』を編纂したのは大伴家持《おおとものやかもち》であるが、かれの父親である大伴旅人《たびと》も有名な歌人であり官人であり、大宰府の長官もつとめていた。そこに赴任するさいに、さきに名の出てきた鞆《とも》の浦や室津《むろつ》を通っている。旅人の歌は家持によって七十余首『万葉集』に採録されているが、鞆の浦を詠んだ歌が八首もある。

鞆の浦の磯のむろ（室）の木見む毎《ごと》に相見し妹《いも》は忘らえめやも
吾妹子《わぎもこ》が見し鞆の浦のむろの木は常世《とこよ》にあれど見し人ぞなき
磯の上に根蔓《は》ふむろの木見し人をいづらと問はば語り告げむか

これらの歌は、すべて亡き妻のことを詠んだものである。旅人は妻と一緒に鞆の浦経由で大宰府に赴任するのだが、その鞆の浦にはむろ（室）の木が生えていた。むろの木はねず（杜松）ともいい、もちの木に近い、青い実のなるヒノキ科の常緑針葉樹である。その木が雌雄異株《しゆういしゆ》であることが、夫が亡妻を思い出したゆえんかもしれない。東アジア北部に分布し、我が国では関東以南、特に西日本に自生する。鞆の浦の町にはいまもむろの木が植えられている。

旅人が愛した「吾妹子《わぎもこ》」というのは妻の大伴郎女《いらつめ》のことで、旅人が大宰帥《だざいのそち》として赴任するさいに同行したが、九州の地で亡くなってしまう。そのため、かつては二人で見たむろの木なのに、神亀《じんき》五（七二八）年に妻が亡くなってしまったため、帰り道には一人で見た。いぜん一緒に見た妻のことが忘れられない。わたしの妻が見たむろの木は常世、つまり現世にあるのだけれども、それを見た人はもうこの世の中にはいないという哀しさを歌っている。京都から大宰府に行く途中、瀬戸内海にある港の鞆の浦の名は、当時、都の人がみんな知っているような、それほど有名な湊だったのである。

大伴旅人が九州の大宰府に行くときも鞆の浦を通ったように、遣唐使がシナ大陸に行くときにもここを通った。

また、この鞆の浦には、百済の王朝を迎える使節をめぐる「ささやき橋」伝説も残っている。応神《おうじん》天皇（五世紀前後ごろの伝説の天皇）のむかしに武内臣和多利《わたり》という男が、百済からの使節の接待役に命じられた。つまり、百済の朝廷から来た使節も鞆の浦に立ち寄ったということになるが、その和多利という名自体も海を渡るという象徴に使われているのだろう。だが、接待役のかれは役目を忘れて、鞆の浦にある橋のたもとで毎夜、官妓《かんぎ》（朝廷の女官）の江の浦と恋を語り合った。そのことが噂になり、和多利は仕事もしなかったので、二人は罰として海に沈められた。

その後、夜になるとこの橋のたもとで二人の恋のささやきが聞こえ、この橋は「ささやき橋」とよばれるようになった。こういう美しくも哀しい伝説がある。和多利という人名と、江の浦の女人、つまり海を渡る行為と入江との交流、という設定である。

ところが、この場所はおもしろいことに、のちに山中鹿之介《やまなかしかのすけ》の首が埋められた場所でもある。戦国時代の尼子《あまこ》氏の武将、山中鹿之介（鹿介とも）は、毛利に対抗して月山富田《とだ》城で戦ったのち、倉敷から四〇キロくらい山中に入った高梁川の上流で首を切られた。胴は高梁川のわきに埋められた。しかし、首だけは塩漬けにして運ばれ、鞆の浦で室町最後の将軍、足利義昭に首実検されるのである。そして、そこに埋められた。これが山中鹿之介の首塚とよばれるものだが、その首塚とささやき橋とは三メートルほどしか離れていない場所にあるのである。

ささやき橋というのは長さ五〇センチ、幅三メートルくらいの、鞆の浦の道路の上に架かった小さな石橋である。橋の下には普段は水がないが、満潮になるとそこまで海水が上がってくる。満潮のときの「さわさわ」とした小さな、ささやきのような音から、この伝説が生み出されたのだろう。

しかし、そういう伝説が生み出されるためには、百済の使節が鞆の浦で潮待ちをする、あるいは朝廷の官吏がそれを接待する、という場所になっていた設定が必要である。鞆の浦は、そのように古代から近代までずっと瀬戸内海で使われていた入江で、瀬戸内航路での重要な、潮待ち、風待ちの港であったということである。

海辺に住んできた民族

日本では、古代から明治のころまで、鞆の浦のような円形の浅い入江の港が必要とされ、役に立っていた。また、さきほどの平戸島の志々伎湾というのも、現在、船が着こうとすると、浅すぎて、なかなか難しいような、ずうっと平坦な砂浜がつづいている場所である。あの辺りは人口が少ないし、近代産業もないので、護岸工事や防波堤工事などがほとんど成されない。そこで、むかしからの砂浜に舟が横着けできる。古代にあっては、そういう浅い港をたどってシナ大陸まで、あるいは朝鮮半島の百済に出かけていったのである。翻っていえば、ここには古代の海岸線の基本的な形態が残っているわけだ。

古代にあっては、海が陸地に深く切れ込み、山奥の何十キロ先まで曳き船の方法で入り込んでいけた。しかし実際に使われる港町は、舟が着くことができる平地があり、人びともそこで接待をする家並みがあり、ほし鮑などを作る労働もでき、日常生活のための漁《すなど》りもできる場所である。そこはかつて、陸の人と海から来た人が接触でき、ひいては人間と海彼《かいひ》の神が接触し、そこで祈り、氏神が渡ってきたところということになる。それゆえ、この砂浜に出産のための産屋《うぶや》もつくられるのである。その土地の砂が本来のうぶすなである。

だから、古い神社では、我々はかつて海から渡ってきた民族であるという意識のもとに、自分たちの祖先というのは海の向こう、海彼《かいひ》にあるという考えかたが強く、その海彼からの神を迎える海岸に、神社が建てられた。有名なところでは対馬の海神神社《わたつみ》というのがあるが、鳥居が五基あり、そのうちの三つまでは海のなかにある。四つ目にして初めて陸上にあがり、五つ目のところに海神が祀られる神社が建てられた。これは、この神社の神様が海を渡ってきた、あるいは海の中からやってきたことを象徴しているのである。

海神《わたつみ》というのは海神と書いたり、また、渡津美《わたつみ》と書いたりもする。日本の神社のなかで海のなかに鳥居があるものといえば他に安芸《あき》の宮島、つまり厳島《いつくしま》神社を筆頭にたくさん存在する。柳田國男の説によると、日本の神社のなかで海辺にあるものは、すべて海のほうを向いている。これは、日本民族が、そうしてその民族の神の多くが海を渡ってきたというふうに考えられているからだ、という。山のなかの神社には山の上の天から神様が降りてくるという考えで、山頂のほうを向いているという例もあるのだが、海の見えるところにある神社は必ず海のほうを向いて建てられているのである。

淡路島の若宮神社の祭りでは、海から男たちが子どもを抱え駆け上がって山の神社にたどり着く。神事がある神社は山の中腹にあり、海を見下ろせるのだが、急坂である。それを、幼い子どもを抱えたまま一気に駆け上がっていくのが、若宮神社の神事なのである。

また、房総半島の大原地方には、各村の神社の祭りはすべて氏子が神輿《みこし》を担いで海まで競争し、海に入ってゆく行為があるが、これも海の神に奉納される神事である。これは、神社に祀られる神が海から来ているという信仰によっているわけだ。

こういった事例をふまえると、海の近くにある神社は必ず海のほうを向いていることのほうが、自然である。つまり、海を渡ってやってきた民族がその海岸にたどり着いて労働し、住まい、渡津美神社にしても住吉神社にしても同じことだと思われるが、その海辺で神事を行う、ということになる。

日本の民族は古代からずっと、このように海辺を利用してきた。住まいとしてはもちろん、労働の場、氏神を祀る場、生と死の境目の想像の場としても使ってきた。それゆえ、海辺は神聖な場所であるが、一方で、あまり海辺に近いと、ばあいによっては津波や大波に襲われるなどという危険性もある。

わたしが二〇〇六年に訪れた、愛媛県松山市の西隣の大洲《おおず》市——坂本竜馬の「いろは丸」事件の現場ともなった鞆の浦の対岸ちかくの地であるが——この大洲の中心部はいま四国山脈の山すそにあって、ちょうど肱《ひじ》のように折れ曲がった肱川が流れてきて二つに分かれ、ふたたび一つの流れに戻る中洲に城がある。大きな洲なので、城としては防衛しやすい場所である。その近くの神社は、「われわれの神社は元来海辺にあった」、という。瀬戸内海に面して大洲の港があり、そこは大洲藩所有の「いろは丸」の母港である港だが、神社はもともとその海岸にあったのである。

ところが、江戸時代に海が荒れ、神社も大波に襲われた大災害があったために、海辺から一〇キロメートルほど奥の山のなかに移されたのである。この神社では、五十年に一度だけ海辺に帰り、そこで神事をするという。山のなかの神社だからといっても、必ずしも陸の神を祀っているとはいえない、ということの一例である。

そういう意味では、日本民族は折口信夫のいうような「海やまのあひだ」に住まいしてきた民族であり、その感受性というか原想像力とすると、海彼に故郷を思い海辺に生きてきた民族、といえるのだろう。中国民族は山に生まれ平原に生き、イスラム・アラブ世界の民族は砂漠に生まれ砂漠の周辺に生きる。一方、ヨーロッパ、特にアングロ・サクソンの民族は海辺には住まないたいてい、山の上か丘の上に住もうとするのである。

横浜や長崎や神戸にあるような異人館、外国人街などは、どこも山か丘の上である。横浜や神戸の外人墓地も海に面した平地ではなく、山の上にある。そういう比較の上でいうと、海辺に住む、というのは、世界的にいって一般的ではなく、むしろ、日本における特殊な住まいかた、生きかたであったということになるだろう。

第三章

海岸線に変化はなかったが——中世のころから

「海洋自由」の発想

日本の海岸線について、中世における変化を述べてゆかなければならないが、外海に面した海岸線に限っていえば、それほど大きな変化は訪れていないようにもおもわれる。実際、海岸線の使われ方としては、古代から十七世紀の江戸期、港の場所によっては十五世紀ころまでの四、五百年の間はあまり変化がなかったといえるだろう。

江戸初期に日本の海岸線が大きく変わった原因は、海岸線そのものよりも諸藩の内陸の使い方において、それも全国的規模で米づくりをするようになっていったことから海岸線にも変化が生じた、ということである。内陸の産業や社会の変化が海岸線に変化を及ぼし、海岸線を使って交易をする、もしくは北前船などという海上交通によって京や大坂と日本海側の海岸線が結びつくようになったという点で、大きな変化が見られるのである。翻っていえば、古代から中世にかけては、国内的には海岸線にそれほど大きな変化はなかった、ということがいえるだろう。

ただ、のちに建武《けんむ》の中興（建武元年＝一三三四年）をおこす後醍醐《ごだいご》天皇が元弘二（一三三二）年、隠岐島《おきのしま》に流されたときには、道中ずっと陸上をすすみ、中国山地をぬけて、島根半島から隠岐島に流されるという道すじをとった。これは承久の乱（承久三年＝一二二一年）の失敗によって隠岐に流された後鳥羽院のばあいにも同じことだが、島根半島の美保《みほ》神社の湾から舟に乗せられて隠岐に配流されるのである。

後鳥羽院のばあいはそのまま隠岐島で没するが、後醍醐天皇は島を脱出するのである。その脱出が成功したのは、鎌倉幕府の権力とは別の海上集団がそのころ存在していた、ということである。元弘三（一三三三）年、後醍醐天皇が隠岐島から脱出し海を渡って、ひそかに本州に上陸し、伯者《ほうき》の船上山《せんじょうさん》に拠って討幕の宣旨《せんじ》を発する。このことには、後醍醐天皇が瀬戸内海を中心に勢力をもつ村上水軍の勢力を支配下におさめていた、という背景が考えられる。

脱出の経路ははっきりとはわかっていないが、村上水軍が名和《なわ》源氏の系統で、後醍醐天皇は伯者大山《だいせん》が日本海に落ち込む名和港の入江に上陸し、その地の名和氏に庇護されるのである。後醍醐を擁立したのは、名和長年《ながとし》とその長男の義高《よしたか》、それに甥の名和長重《ながしげ》である。名和長年は、村上源氏の後裔といわれ、伯者の豪族長田行高の子ともいわれるが、実のところは不明である。長年は長重とともに、船上山で鎌倉幕府軍を撃退し、元弘三年六月に後醍醐を護《まも》って上洛している。建武の政権では、記録所・武者所・雑訴決断所の一員となっている。建武三（一三三六）年には、足利尊氏軍を京都などで破って西走せしめるが、ふたたび九州から入京してきた尊氏軍に敗れて戦死している。

後醍醐の建武政権をめぐって少しく筆をついやしたのは、後醍醐の隠岐脱出に村上水軍が関わり、名和氏の支配下にある名和港が大きな役割を果たしていること、そうしてまた、いちどは敗れた足利尊氏が船で西国に逃れて再起することができたことに注目したいからである。つまり、鎌倉幕府をはじめとする中世の幕府権力は海上に及んでいなかった、ということだろう。ここには、陸の農耕武家集団であった源氏と、海の商業利権を握っていた平氏との源平の争いの名残が、鎌倉時代にもなお及んでいた、と見られる。

翻っていえば、陸の農耕武家集団であった源氏が組織した鎌倉幕府には、海を利用する発想がなかった。そのことは、二度の蒙古襲来（文永・弘安の役）のさいにも、証明されていた。鎌倉幕府には水軍（海軍）によって海岸線を守るという発想がなかったのである。そこに、後醍醐天皇が隠岐から脱出できた理由があったともいえるのである。

中世においては、そういう、海を自由に渡るという行為において、九鬼《くき》（熊野）水軍や村上（伊予）水軍など、水軍が大きな力をもちはじめていた。これは、陸上とは別に、海上を支配する勢力が日本の中世に現われはじめていた、ということである。その結果が、南北朝時代の倭寇《わこう》の東アジアにおける活発な動きとなるのだろう。倭寇とは、十八、九世紀のイギリスの戦略をもじっていえば、東アジアにおける「海洋自由」を行動した集団、とよべるだろう。倭寇と中世の水軍とは、この「海洋自由」の発想においてつながっている。

九鬼水軍とカルタゴ

もっとも、中世の日本にそういう水軍がたくさんあったというわけではない。水軍というふうによばれるのは、九鬼（熊野）水軍、村上（伊予）水軍といったものである。これらの水軍は、見通しのよい平坦な砂浜から出港していくのではなく、舟を隠すことのできるような洞窟《どうくつ》をもつ岸壁や、舟の出入りがあまりよくわからないような海岸線の複雑な島々の自然の要害を利用する。つまり、つねに舟が隠れることができる、という防御形態をとるのである。

これは、ヨーロッパでいうと、古代のカルタゴがとっていた海軍のかたちとちょっと似ているわけで、陸のローマ軍と海のカルタゴ軍が戦うわけだが、ローマ帝国は海軍というものをほとんどもっていない。ローマ軍は地中海に浮かぶ一〇〇キロくらい先のシチリア島のほうまで戦車や馬車を海中に進めていく。地中海はそれほど浅い海であったし、深いところでは小舟を並べ、その舟の上を道路のように使って軍隊が渡ってゆく。そして、北アフリカにある陸上のカルタゴを攻めるのである。つまり、ローマは海を陸の延長として考え、そこを渡ってカルタゴを攻めたのである。

ローマ陸軍の強さというものは、海さえ道路の延長として渡る、というかたちで発揮されていた。「すべての道はローマに通ず」ということわざは、なにも陸上にのみいわれることではなかったのである。

カルタゴのばあい、わたしはそこを一度訪れたことがあるのだが、海岸の岸壁をくりぬいて船を地面の下に入れる。海上から見た限りでは少し隙間がある程度の岸壁にしか見えないのであるが、その岸壁の隙間を船が通って、大きな池のような場所に海軍の艦隊が潜んでいる。岸壁のなかは三階建てほどの高層ビルふうになっていて、一番下は船がそのまま岸壁の腹のなかに入り、地上に近いほうに人が住んだり待機して、中二階が倉庫になって、船に積む物資が用意されている。このような状態で海岸線に海軍、いやカルタゴのばあいは商船隊を備えていたのである。ローマとカルタゴの海の利用の仕方には、このような発想の差があったわけだ。

九鬼水軍においても熊野の三段壁《さんだんへき》中に水軍を潜ませ、上のほうに人がひそみ、あるいは食料を蓄えている。何か戦乱があれば、その水軍根拠地から出ていって、独自に源氏や平家に協力する、という形態をとっていた。

なお、九鬼水軍について若干の説明を加えておけば、これは中世のころ、現在の三重県尾鷲《おわせ》市九鬼を本拠として、紀伊半島の東岸の伊勢から南の熊野まで、海上に勢力をふるった九鬼氏の水軍である。はじめは伊勢国司の北畠《きたばたけ》氏の配下にあったが、のち織田信長方に属した。九鬼嘉隆《よしたか》の時代、天正二（一五七四）年に長島一向一揆を攻撃し、同六年の石山本願寺攻めにおいて摂津の木津川口で毛利水軍を破っている。また、豊臣秀吉の文禄の役（文禄元年＝一五九二年）では、朝鮮李朝の李舜臣《イスンシン》の水軍と戦っている（敗北）。

関ヶ原の戦い（慶長五年＝一六〇〇年）では、九鬼嘉隆は西軍（豊臣方）に属して敗北し、島根藩主を襲封して東軍に属した子、九鬼守隆《もりたか》の助命も間に合わず、自殺している。

九鬼守隆は大坂の陣で、九鬼水軍をひきいて徳川方で戦功をあげた。そのあと、徳川家康の駿府（静岡）城や江戸城の造営にさいしては、伊勢や熊野から材木や石材を海路運んでいる。

九鬼家は近世に入ってもつづき、摂津の三田（三万六千石）を治めた。この末裔が、明治になって帝国博物館初代総長となる男爵の九鬼隆一（岡倉天心の上司）であり、その四男が九鬼周造

(『「いき」の構造』の著者) である。

一方の村上水軍についても、若干の説明を加えておかねばならないだろう。これは中世のころ、瀬戸内海の伊予地方、とくに因島《いんのしま》(現、広島県)や弓削島《ゆげじま》や大三島《おおみしま》、それに大島などに勢力をふるった。室町時代には、幕府から海上警護の特権を認められていた。ただ、戦国時代には毛利氏の配下となっている。九鬼水軍が摂津の木津川口で毛利水軍を破ったとき、その毛利水軍の主力となったのが、この村上水軍である。現在、大島(現、愛媛県今治市)にその村上水軍博物館が建てられている。

そういう歴史を見てみると、中世のころから戦国時代にかけて、九鬼(熊野)水軍、村上(伊予)水軍などは、陸上勢力とは独立した海上での自由を保持していた、ともいえるだろう。

それに、中世のころは瀬戸内海が国内の主要な海上交通路であったため、水軍とまではよばれなかったが、讃岐の塩飽《しわく》諸島などにも、大勢の水夫の集落があった。かれらは普段は農業生活や海運業などをやっていて、戦乱のときに水軍に加わっていく。かれらは中世の時代から活躍していたが、幕末にアメリカに渡った咸臨丸《かんりんまる》の乗組員の半数以上が、この塩飽の出身だった。塩飽の水夫は、何十日間も船に乗って、そのあいだ船を運航できる体力、気力、知識と技術をもっていた。この塩飽島出身者と、長崎海軍伝習所に雇われていた長崎周辺の水夫を合わせると、咸臨丸乗組員の三分の二に達している。かれらは中世から明治のころまでずっと同じような海上生活をしていたといえる。島影のような自然の要害や、断崖絶壁の、船が潜んでいるようには見えない岸壁のあいだから船をうまく繰り出してゆく。そのようにして海上を支配し、海をよく知っている人びとの集団が日本にいくつかあった、ということである。

しかし、これは海岸線の自然を巧みに利用することであって、それによって日本の海岸線のありかた、形状を変えるということはあまりなかったのである。

湊――水が集まったところ

網野善彦氏も書いているように、ポルトガルの船やスペインの船が日本まで来るようになったのは十六世紀の半ばの時点である。それよりまえに、日本内部でいくつかの海岸線を戦略のためや交易のために利用するような豪族が出てきていた。それまでは、海岸線というのは貝をとったり祈りの場所であったり、という神話時代が持続されてきた場所であったわけだが、舟を運航して交易を盛んにするような地域権力が、日本のなかにいくつか出はじめてきたのである。

それでも、この場合にも、古代の鞆の浦がそうであったように、港はやはり入江の地形であって、波の平らな大きな湖のような形状であり、狭い入り口で外海と接している港であった。たとえば、網野氏が『「日本」とは何か』(「日本の歴史　第00巻」講談社)のなかで述べているとおり、青森の津軽十三湊《とさみなと》では、十三の湊を形成している入江が全体で十三の湖につながっているという。「蝦夷管領《えぞかんれい》」とよばれ、鎌倉幕府の北条氏から北方警固の権力を与えられていた安東氏は、この十三湊を中心として、北方の海岸線を主に利用して交易や情報収集をする地方権力だったのである。このように、入り口がやや広く、なかは大きなプールのように浅く、もともと湖であり、外海と細い入り口でつながっている多島海のような海が全国で利用されるようになった。

　それが北方からいうと、津軽十三湊、能登の七尾《ななお》湾、若狭の小浜《おばま》湾、島根半島の松江から境《さかい》港《みなと》などの一種の内海である。多くの入江をもった霞ヶ浦や伊勢湾なども、これに加えてよいだろう。これらは、現在ではほとんど浅い湖や平野になっており、蜆《しじみ》やワカサギ取りなどの沿岸の小規模な水産業を別にすれば、産業にはあまり役立たなくなっている。ましてや、海外との貿易をする港としては用いられない。

　ついでながら、湊が「水が集まったところ」という意味であるのに対して、津という地名は浅瀬の船着場という意味である。浦もほぼ同じような意味である。

　日本全国に多い湊は、水路がいくつも集まっているという意味をもち、いくつもの川が流れ込んでいたり、島がいくつもあったりする多島海の状態をさしていた。また、伊予の八幡浜や鎌倉の七里ヶ浜や平戸《ひらど》の千里浜などのような浜、これも陸に水が接するところ、みずぎわという意味である。こういった名前が残っている場所はどれも遠浅の湊であるということになるが、これらのうちで多く交通や交易のために使われていた港は、鞆の浦のような地形のところだった。

　陸奥湾の大湊は、津軽十三湊、能登半島の七尾湾などと形状こそよく似ているが、水深があるために中世のころの交易には適さなかった。明治になって、喫水《きっすい》の深い洋式船艦のための軍事的な「要港」——「軍港」に準ずる——になり、また現在では原子力船むつの母港になることで使われるようになった。

若狭湾のなかの小浜《おばま》は、名からして小さい浜である。他には宍道《しんじ》湖の中海がある。ここに、むかしは日本海から直接船が入っていたのである。三、四十年前にわたしが松江から隠岐に渡っていくときには、松江大橋から五〇〇トンの小さな船が出ていた。いまでは小舟で蜆を掬うことで有名なくらい、どんどん浅くなってしまっている。

霞ヶ浦、三河湾、浜名湖も似たようなものである。湖でも海とつながっている湖が役に立ち、その海への入り口が港として使われたのだ。宍道湖や浜名湖や霞ヶ浦のような汽水湖のばあい、川から流れてきた真水と塩水とがまじりあっていて、海の魚と川の魚の両方が生息しており、近《ちか》場《ば》の漁場としては非常によい場所であった。

佐渡島の場合でも加茂湖は両津湾とつながっていて、潮の満ち引きによって牡蠣《かき》やボラのほかに、フナのような川魚も生息している。この海辺に接した湖のようなところが、漁場としても、また舟が停泊するところとしても非常に便利であるということで、漁業にも交易にも使われつづけてきた。いまでは干拓されてまったく平野になってしまった八郎潟でも同じであったろう。

こういった汽水湖のようなところは、深く陸地に食い込んでいると同時に浅いので、島もたくさんあり、舟も停泊できるという条件によって、中世からよく利用されていた。

このような中世の海岸線に大きな変化が現われたのは、十六世紀に入って、日本の周辺に、キリスト教イエズス会のポルトガル船やスペイン船が出現するようになってからである。フランシスコ・ザビエルが鹿児島に上陸したのが天文十八（一五四九）年で、そのあたりからポルトガル船が平戸に入港（一五五〇）したり、豊後《ぶんご》の日出《ひじ》に来航（一五五一）したりするようになった。文禄四（一五九五）年にはポルトガルのルイス・ティセラが「日本図」を作成している。かなり正確な日本地図で、そこには鹿児島や、堺などの有名な貿易港の他に、石見《いわみ》などの地名も見える。石見の横には、ポルトガル語で「銀鉱山」と記されている。

これは当時、石見銀山が世界の銀の流通量の三分の一を産出していたためである。ポルトガルはインドネシアの胡椒や香辛料やジャガイモ、中国のお茶や薬や陶器、それに日本の絹やお茶や海産物などの東アジアでの中継貿易を担当し、その決済をすべて石見銀山からの銀貨でおこなっていた。これが、当時銀本位制のヨーロッパにまわったのである。

石見銀山は戦国時代、銀という巨大な軍資金を生み出していたので、ここを採掘する権利をめぐって、出雲の尼子《あまこ》氏、周防《すおう》の大内氏、安芸《あき》の毛利氏の争いが生じた。この石見銀山の権利は結局、織田信長、そして豊臣秀吉に渡り、関ヶ原の戦いのあとは徳川氏のものになった。

日本のなかで石見銀山の名が高くなり、そうしてヨーロッパにも知られるようになった理由は、この銀山が海岸線からわずか一〇キロから二〇キロの近さにあったこと、そしてそこまで二本の銀山街道が通じていたことが大きい。つまり、一日で港まで銀を運べる距離にあったのである。これが、兵庫の生野《いくの》銀山などになると、陸路を長く運ばねばならず、運搬費用が大きくかかってしまうわけだ。

石見銀山から二つの銀山街道をたどると、日本海の二つの港にたどりつく。北にあるのが鞆ヶ浦で、ここまでの銀山街道を鞆ヶ浦道、南にあるのが沖泊《おきどまり》港で、ここまでの銀山街道を温泉津《ゆのつ》沖泊道といった。銀の積出港としては沖泊港のほうが繁栄した。これは、鞆ヶ浦が入江のかたちをした浅い港であったため、喫水の深いポルトガル船が入港するのに不便だったからだろう。しかし、日本国内の他の港に運び出すには、喫水の浅い和船が用いられたから、ここも十分役に立ったのである。それに、積出港が二つあると、季節風の向きによって、港を使い分けることができるという利点もあった。

ともあれ、戦国時代の終わりごろから、日本の海岸線は、この石見銀山の積出港の例でもわかるように、ポルトガル船やスペイン船（それについでオランダ船やイギリス船）を媒介して、東アジアやヨーロッパ世界につながるようになった。堺港、平戸湾、博多湾、大村湾、そして長崎港がひらかれてゆくのである。

オランダははじめ平戸湾を交易の港として利用していたが、平戸瀬戸の海峡の流れが速すぎることや、港としてあまり広さがないことなどから、やがて喫水の深い洋船のために十分な水深がある長崎へと、交易港を移していった。その結果、鎖国時代の長崎にオランダとの交易のため「出島」がつくられるのである。

なお、徳川幕府ははじめ、カソリックの布教に熱心だったポルトガルとスペインとの交易を禁じた。代わりに、布教をせず交易に積極的だったプロテスタントのイギリスとオランダの二国に交易を許したのである。これは徳川家康が、二つの国に貿易をさせれば、お互いの競争によって輸入品の価格が下がる、と考えたからである。二国が価格競争をさせられた結果、これでは大して儲けが出ないと判断して、イギリスが撤退したのだった。つまり、徳川幕府ははじめからオランダ（と清国）だけに交易を許していたわけではないのである。

それはともかく、戦国時代から徳川初期にかけて、日本の海岸線には、それらのヨーロッパの船が交易を求めて来航するようになった。これはしかし、ヨーロッパの船の来航によって海岸線の利用の仕方が変わったということであって、海岸線それじたいに変化がおとずれたわけではない、ともいえる。

水田と海岸線

海岸線に変化がなかったということを別の角度から考えてみたい。まずは縄文から中世に至るまでの内陸の変化について見てみよう。

縄文時代の日本の人口は五、六十万人、奈良、平安朝のころで六百万人ほどといわれている。

縄文時代であれば、人びとは狩猟のほかに、栗を拾ったり海辺で蛤《はまぐり》を漁《すなど》ったりして生活をしていたわけだが、そういう生活では、人口の増加がなかなか難しかったろう。日本の自然はそのころから豊かだったが、採集漁撈の生活では、人口もさほど増えず、文明化への道は遠かったともわれる。

しかし、三内丸山遺跡の発掘で明らかになったように、その栗の栽培や貝類の乾燥などによって、山や海の産物の保存・蓄積ができるようになった。貝塚などでは、単に海からとってきた貝の殻が見つかっているだけではなく、その加工場跡――つまり乾燥して保存した跡――も発見されている。そういった貝塚は海辺ではなく、海から何キロか奥に入った、高台でも発見されているのである。

たとえば、明治になって発見された弥生式土器は、東京の本郷台で貝塚とともに見つかったのであるが、本郷台というのは台地なので、縄文弥生時代は、その近くまで海が入り込んでおり、その海岸でとってきた貝の加工場があった、ということになる。

また、千葉の房総半島の江戸湾から山側に五、六キロほど入った加曾利《かそり》貝塚は、いまでいうと山の中である。現在高速道路が通っているトンネルのところで、そのトンネル工事をするために掘ったら、結果的に貝塚が発見されたのである。明治時代のお雇い外人のE・S・モースが発見した東京の大森貝塚も、現在でいうと海から五キロくらい内陸に入った、京浜急行線の切り通しの崖において発見されたわけである。

つまり縄文人は、現在では陸から何キロか奥まったところ、当時でもおそらく砂浜ではなく、海辺からすこし高台になったところに居を構えていた、ということがわかるだろう。

北海道のばあいでも、網走などで貝塚が出てくるのは、川辺ではあるがすこし高台の場所である。そうだとすれば、縄文人にしても、弥生人にしても、必ずしも海岸線の浜辺に住んで生活をしているわけではなかった、といえるだろう。その生活は多く採集漁撈によって支えられていたため、縄文時代は人口もなかなか増えなかったのだが、弥生時代になってから米の栽培がはじまり、奈良、平安朝になって大きな朝廷権力ができると、その権力が平らな土地をつくり、それを利用して水平の水田を作り、そうしてその水田で米づくりをするようになった。

平らな土地をつくるためには、大規模な土木工事が必要になるのである。このため、大きな権力でないとできない。太古であれば、米などとうていつくれなかった場所、つまり雨が降ったときに水びたしになってしまうような泥々の平地を水田に作り変え、その平地に水をゆっくりと海まで流してゆくためには、水路を作り、そのことによってできた固い土地と、緩やかな傾斜をもった土地に改良しなければならない。そのため、泥土に水の筋をつくり、水路を作って、平地を水田と住居に分けたのである。水田は一つずつすべてを平らにした。

これは、朝鮮半島伝来の山に沿った三ヶ月状の棚田ではなく、中国から伝わった技術であり、それによって広大な水田ができる。しかも、平野全体を緩やかな傾斜にして、水田の水をゆっくり海に流してゆく。そうして、この水平の水田作りは、奈良、京都を中心とする畿内だけでなく、平安時代は荘園であった関東地方まで次第に広がっていったのである。

武家が畿内から、中国・四国、そうして関東まで荘園を自分たちで開けば、それを朝廷に届け出て収獲物を納めるというかたちで、武家がその荘園を管理するという役目あるいは地位ができ、ここから土地の支配権をもった武士というものが発生するようになった。その結果、朝廷に荘園を認めてもらって管理をする、ということになると、むかしは京都と大津のあいだの峠すなわち逢坂《おうさか》の関を境に東が東国だったのだが、戦国時代の終わりには、その境界が関ヶ原にうつっていくことになる。鎌倉時代の源家にしても、戦国時代の織田家や徳川家にしても、みな、その平安時代からの武家の流れで荘園を管理するという地方権力として日本史に登場してくるわけだ。北条家にしても、上杉家にしても、そのようにして中世の終わりごろに発生するのである。

このように、荘園ができ、水田開発ができるようになると、その農業は米の保存や蓄積が可能であったから、たくさんの人間が養えるようになった。こうして、平安時代には六百万人くらい、織田信長から徳川家康の時代には、全国で千六百〜千七百万人もの人間が生きていけるようになった。これは、ひとえに日本が米づくり中心の社会になっていったということである。

それは文明史的にいえば、「泥の風土」であった日本の葦原を固くして平地にし、農耕地を増やすという農本主義的なかたち、いやそのうえで「泥の文明」の形成をおこなったのである。それはしかし、徳川時代の始まりごろにはまだ、海岸線に対して何か変化を及ぼすというほどの大きな変化ではなかった。

第四章

白砂青松の登場——江戸時代

1……白砂青松のころ

灘と湊

海岸線それじたいの変化は、米づくりや、米に代わる換金作物の「四木三草《しもくさんそう》」（後述）の奨励による内陸の変化とともに顕われた。そうして全国各地の海岸線で、湊や浜や津といった場所の積極的活用が図られるようになった。

こういった水路が集まり、水上交通の便に都合のよい湊に対して、舟がたどり着けないところが灘という地名である。文字どおり水の難所の意味である。玄界灘、播磨灘、遠州灘、鹿島灘、日向灘、それに熊野灘、いわば中上健次の小説のタイトルにあるような「枯木灘」である。このようなところは外洋に直接接していて、常に荒波が襲ってくる場所で、港が作れないところから灘という名がつけられた。舟がたどり着くことのできる港を作ることが難しい、という意味である。ちなみに、港は湊とほぼ同じ意味で、水の巷《ちまた》すなわち小路だから、舟の出入りする場所である。

ところが、この、灘という地名は、日本海側には玄界灘以外ほとんど存在しない。

これは、台風の季節のみならず、太平洋の荒波に洗われる海岸には船着場をもつ湊が作りにくく、近代以前は日本海側に海上交通が発達した原因となった。そうして、この日本海側の平野に、江戸時代、米どころがずっと北上していった。富山、新潟、庄内、秋田のほうへと米づくりのできる水田が新しく作られたのである。北前船の寄港地になる日本海沿岸には灘という地名はほとんどなく、そのことによって、江戸時代に発達した北前船の航路が、米どころであり、遠浅の砂浜をもつ港町につぎつぎと寄港するかたちで作られたのである。また、米だけではなく、冷害や飢饉《ききん》、洪水に備えて他の換金作物、つまり「四木三草」が作られるようになった。

四木三草とは、徳川幕府が各藩に栽培を奨励した四木、つまり桑、茶、漆《うるし》（櫨《はぜ》をふくむ）、楮《こうぞ》（三椏《みつまた》をふくむ）という、養蚕・製糸、製茶、ろう・漆塗り、和紙の産業に関わり、三草が綿、麻、藍（紅花）という、木綿《もめん》、麻布・麻糸、藍染め、紅染料・油の産業に関わっている。そして、これらの地方産物を港に運び、北前船をはじめとする海上交通によって、江戸時代の商都、大坂へと集めるのだ。それゆえ、江戸時代の各藩は大坂に藩邸をつくり、そこで商取引をし、日本全国がナショナルな経済圏を形成するようになっていったわけである。

阿波（徳島）の藍、土佐の和紙や鰹節、加賀の輪島塗、庄内（山形）の紅花、静岡のお茶、河内（大阪）の木綿、信州（長野）や富山の生糸といったブランド品が、このようにして生み出された。北海道の松前藩は昆布やニシンを、秋田は杉を、越前（福井・小浜）は海産物を、酒田や新潟や柏崎は米を、北前船を使って大坂市場に送り出したのである。

これと逆に、東北各地の港は、京都からの西陣織や茶器・美術品や書籍を、流行品や高価なものという意味での「下り物」として受け入れた。京都から下ってきたもの、という意味である。翻って、地元でつくった織物や陶器などを、京都から下ってきた高級品でないという意味で、「下らない物」とよんだ。これが「下らない」という言葉の語源にほかならない。

それはともかく、日本全国が大坂を中心にナショナルな経済圏を形成するには、北前船をはじめとする海上交通の発展、そうして港湾の整備がおこなわれる必要があった。そして、米づくりを中心とする産業振興と物資輸送は、地方に活気を与え、生産力の増強をもたらし、人口を増加させることにつながっていった。織豊時代の日本の人口は、千六百万人（速水融の歴史人口学では千二、三百万人）であったが、江戸末期の総人口は二千六百万人から三千万人へとふくれあがっていた。

米を運び出す湊

ところで、江戸時代、越後（新潟）の米は腐れ米といわれた。腐れ、というのは、土地の水はけが悪く、田がなかなか乾かず、水田に水が残るので、米粒が固まらず、米どころではあるけれども、品質としては劣るといった状態を意味した。信濃川と阿賀野川などの大きな河川がよく氾濫し、水害を起こしていた。いまでは亀田（新潟市）のおせんべいなどで有名な米どころであるが、あの亀田町の辺りは当時一面の潟もしくは泥沼で、土地を乾かすのが大変だったところである。新潟の「潟」は、八郎潟や有明海の潟などと同じように、海水がさしたり引いたりする場所、という意味だから、土地がなかなか乾燥しないのである。

江戸時代の後期、長野の松代《まつしろ》藩の佐久間象山《さくましょうざん》が新潟奉行となっている知人のもとを訪れたさい、紀行文を残している。それによると、移動にはほとんど舟を使っていることがわかる。新潟、というくらいで、古代から残っている地名としては、沼垂《ぬったり》。いかにも水浸しの土地といった名で、新潟はその後にできたまだ新しい潟なのである。象山は、その新しい潟のなかを舟で旅したわけである。

新潟平野の水をできるだけはき出して、その土地を、水と土に分けて、干拓し、水田に作っていったのは、江戸時代も末期になってからのことである。その全域を乾いた土地にして米どころにしたのは、ごく最近、昭和に入ってからだった。

新潟の南、信濃川流域の長岡藩——これは正確にいうと、長岡藩の商港が新潟である——でも、長岡の北は戊辰《ぼしん》戦争のときでさえ八丁泥《はっちょうどろ》といわれるくらいで、城の北辺はほぼ一キロくらいにわたって泥沼が続いていた。明治政府軍は平城《ひらじろ》の長岡城をいちど陥《おと》すが、敵の長岡軍がよもやその八丁泥を渡って反攻しては来まいとおもっていたところ、長岡藩の軍務総督だった河井継之助《かわいつぐのすけ》がその八丁泥を渡って長岡城奪還作戦を敢行し反攻するのである。それくらい、新潟平野というのは、ほんのこの間まで潟や泥沼のつらなりであったのである。新潟周辺の地名を見てみると、鳥屋潟、新津《にいつ》、水原《すいばら》、月潟、蒲原《かんばら》、中之島……とみな水に関係しているほどだ。

そんな潟や泥沼をつぎつぎに干拓し、新潟などは昭和のころ米どころになったわけだが、かといって東北・北陸に冷害がなくなったわけではない。そのため、すでにふれたように、山形の内陸の米沢藩などでは、藩主の上杉鷹山《うえすぎようざん》の積極的な勧業政策によって漆《うるし》を植え、養蚕を盛んにしたように換金作物によって農業が発達した。それを日本三大急流の一つといわれる最上川《もがみがわ》の水運を使って、清川（第二節参照）経由で、酒田港に運ぶのである。それに、庄内平野では紅花などを栽培して、商品化し、酒田から京都や大坂に運ぶといったことがおこなわれた。

その結果、江戸時代の人口は二百六十年間で三千万人近くまで増えたのである。

そうなると、日本海側には確かに灘はないのだが、大量の米や生産物などを運び出すためには、幕府が禁止していた五百石以上の大船を使う必要がでてくる。またその結果、いままでのような遠浅の港ではなくて、ある程度水深のある港を必要とするようになった。千石（＝約一〇〇トン）以上の北前船のばあい、水深五、六メートルの深い港が必要となったのである。それによって、石巻港などがさかんに使われることになったのだが、石巻港は水運があまりよくなかった。岩手の南部藩では米づくりが盛んだったが、それを運び出すための北上川は江戸時代の初めごろは盛岡から下ってきて金華山《きんかざん》沖に注いでいたのだ。この流れを仙台藩の伊達政宗《だてまさむね》がつけかえ、北上運河《きたかみ》を開削《かいさく》して、水運を南の石巻港につなげたのである。

貞山堀

仙台市から名取市に至る仙台平野の名取川の近く、仙台港から南に運河が通じているが、これは貞山堀《ていざんぼり》とよばれている。仙台平野で収獲した米を江戸に運ぶための水路で、安土桃山から江戸初期の武将、伊達政宗によって造られた。貞山は、政宗の諡名《おくりな》である。司馬遼太郎の「街道をゆく」シリーズのビジュアル版によると、貞山堀というのは人工的に深く掘り下げられており、この舟運によって仙台平野で作られた米を名取川や阿武隈川まで運び出したのである。

つまり伊達政宗は、一方で仙台より北の北上川流域の米を石巻に集め、江戸に送る米の集積地とすべく川村孫兵衛に命じて北上川の大改修を行った。北上川を三つに分けて洪水が起こりにくくし、また舟が米を運びやすいように作り変えたのである。他方で、仙台より南に貞山堀を掘り、海岸線に沿って名取川まで、またそれより南の米は阿武隈川まで運び出すという方法をとった。仙台平野の海岸線は九十九里浜と同じで、平らで浅瀬が続き、当時とすれば大きな舟が停泊して米を運ぶということが難しいために、横に平野を開削して海岸線沿いに貞山堀を深く掘って水路を造ったわけだ。江戸時代の仙台藩にあっては、米は石巻港から江戸に運び出されるものと、貞山堀を通って阿武隈川のところから江戸に運び出されるものとの二通りに分かれていた。

そういう意味では、東北地方は米づくりをするだけでは駄目で、仙台藩のように運河を造ったり、米沢藩のように河川を水上交通用に整備したり、庄内藩のように酒田を積出港として建設したりした。ただ単に浅瀬の港が有用ということではなく、米や各地の物産を載せた北前船のためのより大きな港湾が必要になってきたのである。

もっとも、江戸時代の中期までは、反乱防止のため多勢を乗せる軍船は作ってはいけないと幕府によって定められており、商船でも五百石以上の大船は製造を禁じられていた。ただ、国内の物資流通が盛んになった中期以降は、商船であるならそれ以上の大きさの船が許され、実際に十九世紀に入ると、北前船の高田屋嘉兵衛《たかだやかへえ》の辰悦丸《しんえつまる》は千七百石あったといわれている（それでも、洋トン数とすると二〇〇トン弱である）。

高田屋嘉兵衛は幕府の要請に応じて、北海道から北への択捉《エトロフ》航路を寛政十一（一七九九）年に開いている。江戸時代がはじまって二百年ちかくが過ぎたこのころには、北前船による日本海岸沿いの海上交通が盛んになっているばかりでなく、幕府じたいが箱館に港を開いて、ロシア船との交易をおこなうようになっていたのである。

湊から灘へ

江戸末期の総人口が二千六百万人をこえ、幕末には、江戸、大坂、京都が百万人都市になってくると、米にしても各地の物産にしても、それらの大都市に集中せざるをえなくなった。江戸が政治的な中心の政都、京都が帝都あるいは学問や文化の都であったことに比較すると、大坂は特に全国の物産が集まる商都であった。

しかし、江戸は八百八町、京都は八百八寺というのに対して、大坂は八百八橋といい、堀や橋が非常に多い、水の都であった。古代にあっては葦の繁茂した浅い港であった難波潟《なにわがた》は、淀川を利用して京都とつながっていたため、堀を掘って水路を造り、町を広げていった。こうして、かっては大坂城付近まで海が上り込んでいた水の都の各所に舟瀬《ふなせ》が作られ、瀬戸内海へ出る港として頻繁に利用されるようになった。大坂城西の天満橋《てんまばし》にさえ、瀬戸内海に向かう船着場が設けられていた。

しかし、北前船のような大船、たとえば高田屋嘉兵衛の千七百石の辰悦丸のような船は、難波潟には直接出入りできない。そこで、北前船の発着港は兵庫（現在の神戸港の西）になってしまうのである。こういった港の新旧交替が全国的におこなわれるのである。

兵庫港の例をもうすこし詳しく述べれば、現在、地図上で兵庫第一突堤と表記されている場所がかつての兵庫港である。ここは神戸の中心ではない。福原町という、平清盛が都にしようとして開けた土地があったところである。しかし、この兵庫港というのはあまり水深が深くなかった。どちらかといえば、やはり小さな円形の湊であったのだ。この付近の湊川や湊郵便局、湊高校などに、小さな港をあらわす湊という文字が名残《なごり》として残っている。兵庫というのは、この湊に接して作られた町なのである。しかし、かつては平清盛が都にしようとしたほど、水運によって栄えていたところであったといえるのだろう。そしてそれは、平家が海上交易と商業に立脚した武家だったことを物語っているのである。

しかし、幕末になって、喫水《きっすい》の深い洋帆船や蒸気軍艦が外洋から入ってくるようになると、このような小さな港は役に立たなくなる。喫水の深い洋船が、直接外洋から出入りできるような、もっと深い港が役立つようになった。つまりお椀《わん》型の和船ではなく、甲板をもった、ビヤ樽を横倒しにして上下に割ったような洋船の入れる深い港が必要とされるようになったのである。

その兵庫の東の神戸には、六甲山が九二一メートル、摩耶山が七〇二メートルと、高い山が迫っている。幕末から使われたのは、この六甲山、摩耶山からまっすぐ下の海に坂が落ちている神戸港であり、その東側はすぐ灘なのである。ここは地名として兵庫の東灘区というのが現在でも使われているが、むかしは舟が着けないほどの難所であったという意味である。いまではこの付近に人工島などが造成されているのだが、兵庫の湊からかつての灘に、神戸の港の中心が移っていったということがわかるだろう。

この、灘が港として大いに使われるようになった、という理由はまた後に述べるとして、ここでは難波潟の大坂に代わって、江戸時代に兵庫港を母港として北前船が出入りするようになった歴史をまず確認しておかなければならない。そうして、北海道や東北地方の各地から、米、昆布、金肥《きんぴ》のニシンや鰯《いわし》、紅花油、漆や和紙など全国の物産が兵庫に運ばれ、そこから大坂の市場に集められるのである。

松前から箱館に替わった北前船の母港

北海道の松前などは、いまでは浅瀬になり、近代的な産業のための港としては役に立たなくなってしまっているが、徳川幕府はみずからそのことを理解しはじめ、またロシアとの貿易の利益を独占したいこともあって、北前船の母港を松前から、幕府が新たに開いた、深い港の箱館に替えさせたのである。箱館は火山の噴火口に水がたまって水深の深い港になったところであり、幕府が北前船の交易に本格的に乗り出してからは、大きな船はこちらを多く利用するようになった。だから、北海道の交易港が松前から箱館に移るということと、瀬戸内航路の出発点が北前船の兵庫港から、外国船の停泊できる神戸港に移っていくということとは、同じ方向への海岸線の港の変化があった、と捉えることができるわけだ。

一方で、新潟平野にしても庄内平野にしてもそうだが、海岸線の平地を水田に変えると、海辺に直接水田が接することになる。海水にはもちろん塩気があるので、波も風も砂も防御できるように浜に松を植えるようになった。松は針葉樹なので、広葉樹より塩気に強い。白神《しらかみ》山地のブナ林などは生物の多様性に役立ち、またブナなど広葉樹の葉の落ちた土壌は、微生物を活かし水をきれいにするといった性質をもっていて、それが陸上ばかりでなく、海をも豊かにしたということはいえるが、ブナの木は海岸線の砂浜に植えることはできない。つまり、ブナ林と米づくりは直接的には共生できないのである。

そうすると、どの地方も米づくりのために、遠浅の海岸線の砂浜に、塩気を防ぎ、防潮林、防風林、防砂林ともなる松林を配置するという江戸時代独特の工夫が生まれ、これによって白砂青松《はくしゃせいしょう》という、日本固有の風景が形成されることになった。

2……清河八郎の旅

舟での大旅行

安政二（一八五五）年、すでに日本の「開国」が行なわれたあとであるが、母親を連れて日本全国を旅した清河八郎という人物がいる。新選組誕生のきっかけをつくった草莽《そうもう》の志士だ。かれは最上川中流の清川（現、山形県）という川湊にある大庄屋で廻船《かいせん》問屋でもある斎藤家の出で、北前船の北上とは逆の航路をたどって、庄内から天橋立《あまのはしだて》や安芸《あき》の宮島などをへて、母親を伊勢神宮にまで連れていった。

このときの清河八郎の旅行記が、日本の開国直後の安政二年に出版された『西遊草《せいゆうそう》』である。当時、全国で風帆船が港から出ていくさい、適当な波風の日和《ひより》であるかどうかを観察せねばならなかった。そのため、北上川に接する石巻港や、秋田の能代港や庄内の酒田港、それに関門海峡に接した下関港などでは、港の入り口に日和山《ひよりやま》や、それに類する日和を見るための山があった。これが、現在まで残っている「日和見《ひよりみ》」の語源である。

清河八郎が母親を伊勢詣《もう》でに連れていったときは、酒田の港から出航していないので、そこでの日和山についての記述はない。しかし、陸路をへて、新潟に至った安政二年三月の記述に、新潟港の「日和山」のことが出てくる。まず、その新潟に入ったときの記述。

三月二十七日……間もなく乗垂《のたり》（現、沼垂《ぬったり》）の傍にいたり、信濃川にいづる。天下第一の大川にて、岐蘇《きそ》（木曽）より流れいで、俗にも八千八水を落合《おちあう》といふ。広き事壱里《いちり》余もあらん。汪洋《おうよう》として海にそそぐ。その勢ひ悠然たるもの也。海船処々にかかり、一入《ひとしお》の景色にて、六軒（間）の堀川に入る。

ここにはまず、日本第一の「大川」の信濃川と、それが注ぐ当時日本海岸で第一の「大湊」となっていた新潟についての記述が、出てくる。

安政二年というと、すでにペリーの艦隊が二度来ていたわけだが、日本海側には西洋の艦船が停泊できる港は、この新潟、箱館を除いて、ほとんどなかった。清河八郎は尊王攘夷の志士なので外国情報にも詳しいが、この旅行のさいに立ち寄っている港は、そういった場所とは一線を画して、まだまだ江戸時代の延長であるような港であった。

清河の家は最上川の立川町の清川というところにあり、むかしはこの上流の大石田というところまで船着場として使われていて、大石田は海の舟も川の舟もともにやってきて、そこで荷の積み替えをするような川湊であった。そこは米を運び出すだけではなくて、尾花沢《おばなざわ》という銀山の鉱石を運び出す港にもなっていた。

ちなみに、最上川は清河八郎の生まれた清川湊あたりから下流は、庄内平野をゆっくりと曲線を描いて流れる大河になるが、それより上流になると最上峡という名がいまも残っているように、山中で深く切れ込んだ谷川といった趣きである。そして、そこからは南の大石田のほうに上るにも、北の真室《まむろ》川＝鮭《さけ》川へとさかのぼるにも、船では大変である。川の上りには帆も櫓《ろ》も棹《さお》も使えない。そのため、谷川のわきにある山道を、船頭が舟を綱で曳いてゆく。

この綱曳き船頭のことを、最上川流域では「川犬《かわいぬ》」といった。ひどい命名であるが、犬が必死にソリを曳くように、船頭も必死に綱で船を曳いたのだろう。この「川犬」の名前はいまも伝っているが、それは昭和三十年ごろまで――東北の中学卒業生が「金の卵」とよばれて、高度成長期の都会に働きにゆく直前まで――この綱曳き船頭が河川交通を担っていたからである。

清河八郎の生家の住所は、出羽国田川郡清川村、現在でいうと東田川郡庄内町清川である。最上川の川湊であった清川をじぶんの名のりにしたのである。生家の名は斎藤である。

斎藤家所有の田畑は全部で五百三十石もあった。かなり大きな庄屋であり、酒造業の酒蔵《さかぐら》、廻船問屋などを兼ねていた。斎藤家はこの当時、砂金の収入もあったため、かなり裕福な豪農であった。農閑期に村人は一日じゅう川に入って砂金を取り、日銭を稼いでいた。その砂金を斎藤家に持参すると即金で払ってくれた、というくらいに裕福な家であったらしい。斎藤家は鎌倉時代以来の家柄で、清河八郎は二十五歳のときに母親と伊勢参りに出立《しゅったつ》したのである。

その旅は、清川を出て、陸路で鶴岡、新潟に至り、柏崎、そして直江津《なおえつ》から内陸を抜けて、船で瀬戸内海の鞆《とも》の浦、安芸の厳島《いつくしま》、そこからまた宮津の天橋立に戻って、こんどは京都から伊勢に抜け、名古屋を通って静岡、鎌倉、江戸、日光街道を通って清川に戻ってくる、という大旅行である。母子は廻船問屋の出であるので、舟旅や長い旅行を苦にしなかったのであろう。

高山彦九郎と清河八郎

江戸時代は、泰平のときが長くつづき、国内の道路をはじめとする旅のインフラが整っていたので、国内旅行をする人がたくさん出てきた。伊勢参りや、四国八十八箇所巡りなどが、この時代にさかんになった。また、諸国視察の目的をもった「観光」の志士も多くなった。

その諸国「観光」の志をもって旅行した一人である高山彦九郎は、関東内陸の上州（群馬）の出身である。そのためか、かれの日記を読むと、舟旅というものがほとんど出てこない。わずかの例外を除いて、すべて陸路を歩き、東北の津軽半島から、九州の南のはて、薩摩まで歩いて行っている。

一方、清河八郎はもともと川湊ではあるが、家のまえに大河と舟があるという風景を見て生まれ育っているので、そういう舟旅の風景には親しみを覚えるのだろう。加えて、その海岸線の風景を観察し、比較したくなるのだろう。まず、海に接した新潟港の周辺について。

西のはづれ日和《ひより》山にいたる。此所海船の入津《にゅうしん》をのぞむ所とて四方を見落《みおろ》し、天気の時は我《わが》鳥海山《ちょうかいさん》迄目力の及ぶ時あり。佐渡の島は眼前に屏風《びょうぶ》をたてたる如し。すべて景色晴朗としてよく遊人の会するところなり。

旅遊客がその日和山にのぼって、港に船の入ってくるさまを見下ろし、また北は庄内の鳥海山から、海中の佐渡までを見渡すことができる、というわけだ。

松尾芭蕉の『おくのほそ道』には、その日和山の名は出てこないが、「荒海や佐渡によこたふ天の河」というように新潟の海辺で詠んでおり、すぐ目の先に佐渡が見える、というところまで行っている。清河は日和山について、そんな旅遊の客も訪れるような場所であった、と書いているのである。

ちなみに、芭蕉の旅に同行した曾良《そら》の『旅日記』には、石巻の日和山にのぼって港湾のすべてを見た、と書かれている。新潟の日和山については記述がないから、芭蕉ともどもその日和山にはのぼっていないのかもしれない。

それはともかく、清河の『西遊草』では、日和山周辺の風景として頻出するのが、松林である。

夫《それ》より右のかた松林のうちよりいきなりやなる茶店にいたる。陋屋《ろうおく》なれども小座敷多くありて、我思ふ所に移し、涼をとり、或は薬湯を施し、炎時（暑いさなか）などの尤《もっ》とも群集する

茶店なり。（カッコ内引用者）

すでに茶店が存在するほどの繁栄である。清河のおばも同行しているのだが、そこまで同じように徒歩で旅をしていた。

伯母は倦《う》みきたるよし故、我は母（はは）を誘ひ、松林を越、砂浜にいでていわし網を見る。

水田があり、その先に松林、それを越えたところに海がある、という海辺の一つらなりの情景が記述されるのである。清河八郎の『西遊草』は実に面白い旅行記で、尊王攘夷の志士の記録として意外性をもっているばかりでなく、湊の風景、そこへの船の入り方などの記述が、たくさん出てくる。そういうところが、武士の旅行記の多くと異なっている。

たとえば『西遊草』には、船が瀬戸内海をすすんで播磨灘を行くときは、灘なので波が荒いと書かれている。瀬戸内海には鞆の浦や牛窓《うしまど》や室津のように、平安時代から有名な湊がいくつもあり、西国の大名が船でその港まで来て、上陸して大坂や京都へ向かうといったような使い方をされていたが、その湾の内側でも満干のときには潮の流れが速いのである。

赤穂《あこう》は、いまでも海岸では塩田が作られている有名なところだが、その赤穂についての記述はこうなっている。

午《ひる》頃に赤穂の沖にいたる。古《むか》し四拾七士《しじゅうしちし》の旧城にして、櫓楼《やぐら》（物見台があるような高台。天守閣ではなく、城の外を見張る性質をもつ）たかくそばだつ事五、六箇処、海上にかがやき、白壁りんりんとして景色なり。（カッコ内引用者）

播磨灘、つまり赤穂の沖のほうから赤穂城を見ているわけだが、そこから見て赤穂浪士のいた城が櫓《やぐら》まで見える、それほどに見晴しがよく、みごとな景色だ、というのである。

「市中も至《いたっ》てきれひに見ゆ。また天下に名高き塩焼場にして」、とどのつまり海岸線は、すべて塩田である。「城の前後烟《けむり》あがりて雲霧ののぼるごとく、此又一入《これまたひとしお》の景色なり。牛窓より八、九里の行程なり」と書かれている。

東北地方では当時、塩焼きの風景はほとんどないので、清河が塩を焼いている風景を珍しく見て、しかもその塩田の向こうに赤穂の城が聳《そび》え立っている、という景色をきわめて面白く感じていることがわかる。これだけではない、当時の瀬戸内海、室津の繁栄ぶりというのも、書かれている。

八ツ頃に播州室《むろ》の津《つ》にいたる。姫路侯の領分にて、家数《いえかず》千余もありて、世にきこへたる湊ながら、此風にや此節《このせつ》は至てさみしき也《なり》。

この時点ではもう、室の津のような入江状の遠浅の湊より、水深のある兵庫港のほうが役に立つようになっているわけである。

勿論西国《さいこく》大名多く此処より船に乗るゆへ、屋舗《やしき》らしきものあり。また姫路革も此処《ここ》よりいづるあり。

平安時代から江戸中期まで栄えていた室の津。遊女などもたくさんいた、と清河によって評されていた湊だが、江戸後期にはすでに寂れはじめていたのである。

岡山から鞆の浦、宮島、牛窓へ

清河はいちど岡山まで陸路を行き、そこから海路で、丸亀の金比羅《こんぴら》さんを訪ね、舟に乗って鞆の浦、安芸の宮島まで行き、そこから舟で牛窓まで戻ってくる。さて、その岡山の手前に備前町というところがあり、そこでの海岸線に関する興味深い記述が出てくるので、ふれておきたい。巻四、五月十三日のくだり。

早朝宿をいで、山の間をすぎ、二里余にして片島といふ駅（片上。現在は備前町長船《おさふね》）にいたる。（カッコ内引用者）

この長船の近く、伊部《いんべ》というところはいまでも備前焼の産地である。

山の中なれども入海《いりうみ》ありて、海船処々に繋ぎあり。また景色もよろしく、都合のよろしき地なり。（振りガナ引用者）

つまり、山のなかに海が切れ込んで、峡谷状の入江になっている、ということだろう。そこに、海から入り込んだ海船がところどころにつないである。江戸時代は、多くの地方でまだ、海から深く切れ込んだ入江が用いられていたことがわかる記述である。

半道ばかり歩みて、伊部《いんべ》村にいたる。是《こ》れいわゆる備前焼瀬戸のいづる処にて、中にも仕入のある木村長十郎という家にいたり、いろいろ見物いたし、小ざら百五拾枚ばかり求《も》とめ、大阪に廻させぬ。

ここに出てくる木村長十郎家というのは、百五十年後の現在でも伊部で備前焼をつくっている。廻船問屋の清河八郎の斎藤家は、この木村長十郎家の焼物を仕入れていたわけで、このときも小皿百五十枚を買い上げて大坂に送らせたのである。

物資の輸送はもちろん、いまのばあい海上の船便だろうが、江戸時代、廻船問屋に頼めば大坂まで船で運んでくれるようなシステムがすでにあり、清河の家はそれだけのお金を出せる豪商でもあった、ということである。清河は後には、伊勢の松阪からやはり瀬戸物を江戸まで運ばせている。これも船便だろう。

　伊部やきはまことにかたき名産にて、鍋などは酒の一向かわらぬ事、人の知《（し）》るところなれども、赤色にして上品にあらず。殊に我《わが》父先年いたりし時、数品求《も》とめ、今に多く家にあるゆへ、さらに求めつ。勿論あたひは誠に安きものなり。
　夫《それ》より二里ばかり歩み、吉井川をわたり、一日市村にて午食をなす。
　吉井川の側にいわゆる刀鍛冶の住する長船村あり。（振りガナ引用者）

そこから二里、岡山のほうに歩いていくと、「天守楼二里さきよりあらわれいで、また古風なるものなり」。現在でも岡山城の天守閣は烏《う》城《じよう》とも言われ、屋根はもちろん、壁もすべて黒で、柱のところだけ茶褐色になっている特殊な色あいの天守閣である。それが目に入ってきた、というのである。

　此辺東西にひらけ、村々も多く、山海にゆたかなれば、土地のよろしきというべき。平城のわき、川ながれ、川舟多く繋がりありて、海にまもなくいづるなれば、運漕の便よろしきなり。

岡山には川と堀がたくさんあり、それを使って容易に海に出ることができたのである。

船の停泊所にあった城

すでにふれたとおり、岡山では明治の終わりごろ土光敏夫が岡山中学の登下校のときに、この川を使っていた。すなわち、朝は児島湾から曳き船の状態で川をさかのぼり、途中で市場に海産物をおろして学校に行く。帰りはその舟に乗って、川の流れに乗って家に帰ったという。その例でもわかるように、岡山の町中には堀や川が縦横に走っていた、ということである。

瀬戸内海沿岸の陸地のどこまで海の水が入っていたか、ということは地域ごとで異なっていたが、少し西の福山では、城の周囲に外堀の役目をはたす川がめぐらされており、その何カ所かに船の停泊所があり、そこまでは確実に海の水が入ってきていた。数年まえ、わたしが福山城の北側、瀬戸内海から離れた山側の川べりを歩いていると、一〇キロほど先の海はまったく見えないのに川に沿って鷗《かもめ》が飛んできていた。そこまでは、ときに、海の水がさかのぼってくるからにちがいない。

現在の新幹線の福山駅西側が福山城である。駅の二〇〇メートルくらいの距離に城山があるが、そこから四、五〇〇メートルほど東、海側に足をのばすと堀があらわれる。この堀には海の水が入っていて、江戸時代はこの堀から直接海に出ることができた。交易のため、いざとなれば戦《いくさ》のために藩主が船でそのまま海に出られるよう工夫がなされていたのである。

日本の海辺にあるほとんどの城下町はそのように作られており、大村藩では、御坐船《ござふね》（藩主の乗る船）の船着場が城壁のすぐ下にあった。萩の指月城は海に突き出た島の上に建てられており、その近くに海に直接出航できる船着場が要塞状に作られていた。

また、海ではないが、琵琶湖に面したかつての秀吉の居城の長浜城では、城のすぐわきに秀吉が乗る船が用意されていた。船着場を出た船はそのまま琵琶湖を横切り、大津からは足で京都に入ることができた。要するに、いろいろな海辺の城下町の城の堀というのは、半分海の水が入っており、そこから直接海に出航できるという構造だった。

江戸城の堀には別に海の水は入ってくる構造になっていないが、それでも桜田堤までは若干、海の水が入ってくる。赤坂の溜池も、潮の満干によって水量が変わる池であった。

江戸の両国に作られた旗本の屋敷では、満潮になると、庭につくられた池には海の水が入ってくるという仕組みになっていて、屋敷内にいて海の潮の満ち干が味わえた。また大坂では、大坂城をとり巻いている淀川のいくつもの船着場から、直接に瀬戸内海への各所へ出航できる構造になっていた。たとえば、日本海の隠岐島に流された罪人を乗せた船の出港地は、大坂城の北にある天満橋であった。そのように、江戸や大坂の多くの土地は、海岸線を干拓し、そこに水路を張り巡らせて作られたものだった。

3……開港と風景の変化

竹原の港

瀬戸内海の広島県三原から呉《くれ》に向かう呉線のなかほどに、竹原という町がある。備前町のばあいは、海の船が山のなかに入ってくるという特殊な形状になっていたが、竹原のばあいは、海港が同時に川湊でもあった。江戸時代のどこにでもある、とくに関西では普通にある港の代表的な例である。

この竹原は、『日本外史《にほんがいし》』を著わした頼山陽《らいさんよう》の生まれ育ったところである。江戸時代は物資集結地であるとともに、貿易港として栄えた。竹原の海側は現在では平らな工場用地だが、明治時代までは塩田として使われていた。塩田は海の水をそのまま引き込むので、高地ではなく平らな地である。その平地のなかを海から五、六キロ山側に入ったところに住吉神社があり、神社の山側の一本通りが竹原の町である。関東には少ないが、住吉というのは「あずみ」の「すみ」であり、海辺に住みついた海洋民族系の人びとが氏神へのお参りをし、航海安全を祈る（それゆえに商売繁盛を祈る）神社で、大坂をはじめ全国各地に存在する。竹原のばあい、この住吉神社のところまで海がきているのである。

竹原の港は川湊であると同時に海港である。ここは、ガンジス河のガートと同じように石の階段状の船着場——雁木《がんぎ》という——になっていて、水が上まできても干潮になっても荷や人のあげ下ろしが容易《たやす》くできるようになっていた。こういった階段状の船着場をもつ港は、日本海側や、静岡以東の関東や東北地方にはあまり存在しない（時代劇の河岸《かし》の場面には出てくる）。わたしの知見では、鞆、竹原などの瀬戸内の港に多いようである。どうして石の雁木の船着場が作られるようになったのか、ということも、いずれ調べてみたいと思っている。

そういえば、ガンジス河のバラナシー（旧ベナレス）やコルコツ（旧カルカッタ）ばかりでなく、マレー半島のマラッカ海峡沿いのマラッカでも、シンガポールでも、貿易に使う港では、石の階段状の船着場になっていた。荷の積み下ろしに便利だから、イギリスが考え出したものだろうか。そうだとすれば、竹原の石の階段状の港は、意外に新しく、明治以後のものなのかもしれない。

翻っていうと、船着場が石積みの階段状なので、竹原港に砂浜はないのである。鞆のばあいでも、船が直接着くのは階段状の石の船着場であり、それとは別に、船着場ではないところに、白砂青松の砂浜がわずかに残っているという現状になっている。この川湊の船着場で荷を積んだ海船は、竹原の海辺から直接、瀬戸内海そして京・大坂に向かうことができるのである。

頼山陽は竹原から瀬戸内海を船で京・大坂に向かったが、竹原はこのようにいわば直接、都に接しているということもあって、学者や財界人などをたくさん輩出している。これは、海に面した薩長土肥がいち早く近代化＝西洋との対応に目ざめ、そうして海に面した町から多くの近代的知識人が輩出されていることと、何らかの関係があるのかもしれない。すぐに思いつくのは、勝海舟、坂本龍馬、五代友厚、中江兆民、岡倉天心、南方熊楠、岩野泡鳴、北一輝、与謝野晶子、伊藤整、伊東静雄、堀田善衛……といった人びとが海を見ながら育っている。これはもしかしたら、『論語』雍也《ようや》篇にある、知者は水を楽しみ、仁者は山を楽しむ、に関係している精神現象かもしれない。

それはともかく、頼山陽の父やおじもみな詩人であり学者であった。かれらは安芸《あき》藩に仕えていたので、ここから安芸の本藩広島に行くときも船で向かっていた。ここにはニッカウキスキーの竹鶴の本家もある。このことは要するに、竹原の人びとが本来的に農民ではなく海商人であり、外に出ていって塩を売ったり、瀬戸内海を使って貿易をする一族であったと推測される。この竹原の山側の寺には、朝鮮半島から伝わった古代朝鮮の鐘も残っていて、竹原が古代から朝鮮半島との交流があったという歴史を物語ってもいる。

本来は、江戸時代以前にスペイン船やポルトガル船が日本に来た、というところまで話を戻さなくてはいけないのだが、海上交通によって全国的な物流が可能になった江戸時代には、そういったかたちで各地に港がつぎつぎに開かれ、大きな川が内陸まで海船を容《い》れる構造になっていったと考えられる。

石巻から一〇〇キロほど内陸に入った盛岡にも舟橋《ふなはし》という地名が残っており、それは船が艀《はしけ》として使われて荷の上げ下ろしがされた、ということである。つまり、そこまで海の船が上ってくることができたし、その舟橋を使って海からの荷の上げ下ろしをするということが、吉田松陰の『東北遊日記』にも書かれている。

利根川で全部つながっていた

江戸時代はとくに北前船で日本海側の港が開かれていったのだが、太平洋側の港も開かれていった。代表的な港が江戸であり、それに付随する銚子や野田、あるいは江戸湾ぞいの船橋や木更津の港としての発展である。これらは、人口百万都市の江戸を支える大きな港であった。江戸の昼間人口は百二十万人で、ここにはいろいろな物産が集まってきていた。

遠く仙台や水戸からは米、川越からは荒川を伝って芋、船橋からは海苔をはじめとする海産物、そうして和歌山からはミカンや銚子・野田経由の醬油が入ってきていた。江戸の醬油はほとんど紀州和歌山地方から運ばれて来るので、それをいちど銚子や野田に貯蔵して、水路で日本橋に運んだ。ヤマサなどは浜口梧陵《はまぐちごりょう》という、ラフカディオ・ハーンから「生き神様」とよばれた商人（のち和歌山県議会議長）が、日本橋に支店を設けた。つまり、銚子から利根川を入って、むかしの古利根川（いまの江戸川）を使って松戸を経由し、江戸まで醬油を運び入れるのである。

それに関係するが、滝沢馬琴の『南総里見八犬伝』を読んでいたとき、むかしの利根川と江戸川がつながっていたことを実感するエピソードが出てきた。

江戸後期に書かれた『南総里見八犬伝』は大変長い話だが、かいつまんで説明すると、犬に助けられる運命をもつために人と犬を示す「伏」の字をもつ里見家の伏姫《ふせひめ》が登場する。その伏姫は、かの女を火事から助けた犬の八房《やつふさ》の子を宿し、結婚が許されないことを知って、落城のとき自害する。そのとき八つの徳の玉が伏姫から八方に飛散する。その信とか義とか刻まれた玉を持って生まれてきた子どもが八犬士であり、かれらは、里見家復興のため身をささげる。

ところで、実在の里見の故地というのは、上州の妙義山と新田とに領地をもち、それが市川の国府台《こうのだい》の北に流れてきた。なぜこの地かというと、ここは江戸川が流れ、それゆえ利根川上流の上州とつながり、下流は江戸湾につながっているのだ。江戸湾を下れば（京都を中心とする道すじでいえば、上ると）、里見城のあった房総半島の安房《あわ》の館山に達する。

『南総里見八犬伝』を読めば、こういう物語の地形配置がわかるだろう。

ところで、利根川中流の下野《しもつけ》・古河《こが》にあるお城の天守閣の上で、八犬士の義兄弟にあたる犬塚信乃と犬飼現八だったかの二人がお互い、そうとは知らずに決闘する。ところが、ごろごろごろと天守閣の屋根から転がり、そのまま利根川の上に舫《もや》っている小舟の上にぽとんと落ちる。それで二人とも気絶しているあいだに小舟は古利根川を下ってゆく。そうして、この小舟がたどり着くところが、松戸の南の里見の地なのである。つまり、古河から古利根川は松戸の里見を通って、江戸湾に注いでいたわけだ。

布佐《ふっさ》という町が利根川下流で小貝《こかい》川（蚕養川）が合流したあとの江戸側にあり、その反対側が布川《ふかわ》という町である。この布川は、江戸後期に『利根川図志』を書いた赤松宗旦《そうたん》（医師で、地誌学者）が住まいしたところである。ここはいまではほとんど寂れた田舎町になってしまっているが、屋敷の大きさや庭のつくり、松の枝振りなどには古い歴史が感じられる地である。

明治の前半期、その布川で、柳田國男の兄が医師を開業していた。だから、いまでは田舎町とはいえ、当時は医業を営む家があるほどに、人家の多い場所であった。それに、田舎とは本来、田んぼと舎（いえ）がある場所の意味で、辺境の意味ではない。

柳田國男（明治八年生まれ）は十代のはじめからその兄の家で養われ、布川の町で育ったのである。かれは後半、赤松の『利根川図志』の校訂と解題に携わっているが、その赤松宗旦の原著が発行されたのは安政五（一八五八）年である。ということは、江戸時代の終わりに近い幕末だが、このころは日本国内の一国市場圏が成立し、海運や水運がとても発達していた時期でもあった。

利根川流域でいうと、布川や布佐よりすこし上流の関宿《せきやど》や、その途中にある野田から銚子まで、その間にいくつかの川湊があり、それぞれがみな利根川水運で繁栄していた、ということが書かれている。

布川の風流

柳田國男の解題には、次のようなことが書かれている。

布川は銚子から関宿への全航程の、ほゞまん中であつたといふのみで無く、流れが両丘の間に挟まって、爰《ここ》へ来て大いに屈曲して居る。川を隔てて三つ四つの船着場が、対峙して居た……（振りガナ引用者、以下同じ）

布川の対岸は布佐である。現在でもそこから取水された水が、手賀沼《てがぬま》に注ぎ込む水路になっている。

右につづいて。

……のもここばかりである上に、僅かな枝路を以て浜街道に連なり、江戸との交通は陸上でも緊密であつた。

この利根川周辺の村落は、みな江戸時代に栄えていた。農業がさかんであるうえに、陸水運の運送業によって金持ちも多かった。たとえば小林一茶などは、その一帯の金持ちの家につぎつぎに入り込んで、俳句をつくるだけで何日も逗留することが許されていた。それだけ水戸街道沿いや利根川流域には、多くの富裕の農家や廻船業の家があった、ということである。柳田の解題は、次のようにつづいている。

対岸の布佐の町は新地だと言はれて居る。その本村は元禄にはまだ岡の上に在つて、河岸は漁師の住む網代場《あじろば》であつた。夜の宿なまぐさしと芭蕉の紀行にも記してゐる。

芭蕉や一茶なども、その布佐の湊町に来ており、その周辺の富豪の家々は、みずからも俳句に手を染めるのみならず、俳人を養うだけの蓄えがあったのである。

是（布佐）に比べると此方（布川）には古いものばかり多い。勿論名門は次々に衰へて居るが、持ち伝へ又積み添へた風流には、昔なつかしいものが色々あつた。

風流をするということは、その文化行為の前提に金品の蓄積がある、ということだが、その風流のばあい、柳田がたとえば、と出している例が面白い。

たとへば人間の楽しみは佳《よ》い水で茶を入れて、川を眺めながら飲んで居ることだと謂《い》つた老人がある。茶には最も川の水がよいが、それも蚕養川《こがい》（現、小貝川）から出た水はいけない。

小貝川というのは養蚕農村のなかを流れ、糸紡ぎのために湯を沸かし、その糸紡ぎの後の水を流した汚水である。それゆえに、蚕養川の名がついたのである。

これに対して、日光の山から流れてくる水は、養蚕に使っても、はるかに清い。それゆえに、絹川（のち鬼怒川《きぬがわ》）と命名されたのである。

鬼怒川（もと絹川）の水（山から鬼怒川を流れてくる水）は岸からずっと遠く、中流よりも南を流れて居て……

これは、絹川（鬼怒川）の水は利根川の太い流れの南の布佐側を流れている、ということである。利根川中流の地では龍ヶ崎の辺りから、三本の川が合流して利根川になっている。このうち、お茶の水用に汲み上げるのは、絹川から流れてきた水だ、というのである。

（鬼怒川の水の）色が澄んで居るから誰が見てもわかる。仏事や珍客の来る日はそれを汲みに遣《や》るので、他には用も少ない水汲み舟を、繋いで置く家もあの頃は多かつた。

これは、布川の家々には金があり、それをお茶のために使う風流、つまり文化があった、ということである。お茶の水をわざわざ澄んだ水の流れまで汲みに出るための舟さえもっている。そういう風流が利根川中流の布川にはあったのである。

利根川の風景が一変した

利根川を、布川からもう少し下流に行くと、浅野和三郎《わさぶろう》という、わたしが『神の罠』（新潮社、一九八九年刊）という評伝を書いた、その主人公である人物の生まれ育った土地に出る。浅野は英文学者で、ラフカディオ・ハーンの弟子だった。はじめはシェークスピアの翻訳などをしていたが、のちに大本教のイデオローグとなり、心霊主義者（スピリチュアリスト）になった。オカルトを「騒々しい幽霊」と訳した最初のひとである。

それはともかく、浅野和三郎の生地は源清田《げんせいだ》という、茨城県稲敷《いなしき》郡の利根川本流と新利根川のあいだに挟まれた土地で、銚子に近いところである。

稲敷郡の源清田については、赤松宗旦の『利根川図志』に次のように記されている。

稲敷郷《いなしきのさと》　龍ケ崎の東なる八代《やつしろ》村をいふとなり。宮本水雲云、今の八代村は和名《わみょう》抄《しょう》稲敷郷なり。（中略）葦原《あしはら》は今龍ヶ崎以下、長棹源清田《ながさほげんせいだ》より下総の地にいたり、新田となりたる地にて、古《いにしえ》葦原なりし時、二国の界《さかい》にある地なるを以て、二国の人々猟せし所とみえたり。扨《さて》飯名《いいな》は即《すなわち》後に稲とつまりしものにて、稲敷といへるは飯名の神の敷地なる故《ゆえ》の名なり。

稲敷郡という名は、いかにも米どころの名のように見えるが、もとは筑波山の所有する「飯名の神」の敷地という意味である。ここは古代より、利根川の河川敷にひろがる「葦原」であった。その葦原は利根川中流の龍ケ崎から源清田までずうっとつづいていて、それがいま「新田」になっている、というのである。

そして、これを「新田」とするために、葦原に新利根川を掘削《くっさく》して、ここに水を集め、他の地を水田に固めたわけである。

ついでながら、この源清田の地よりなおすこし利根川を下ると、鹿島大神宮（常陸《ひたち》国鹿島郷）と香取大神宮（下総《しもうさ》国香取郡）に達する。これらの神は、近江の大津朝つまり天智天皇の時代に関東に下ってきた、といわれる。つまり、この二柱の神は近江朝の時代に海づたいに東国に下り、利根川を銚子より上って、北の常陸（現、茨城県）と、南の下総（現、千葉県）とに上陸した神である。利根川の水はそのように古代にあっても、海に、そうして西国へとつながっていたのである。

ところで、その源清田生まれの浅野和三郎（明治七年生まれ）が青年時代に書き、『帝国文学』（明治三十一年六〜八月号）に載せた美文調の「梅雨」という小説がある。そこには、明治二十年代にかれが見ていた利根川下流の風景が描かれている。

六月も正《まさ》に尽きんとすれど、梅雨の雲尚《な》ほ低く、僅《わず》かにはるゝ絶え間よりもれくる日の光しばし孤帆の背に徨《とまど》ふことはあれど、いくばくもなく川上遠く白雨をもたらし来たりて四顧《しこ》（見渡す四方）漸《ようや》く暗く、川の彼方に蝘蜓《えんてい》たる（やもりのごとく低く寝そべっている感じの）下総の山々も朧《おぼろ》にかすみて、漕ぎゆく渡し船の行方も知らず消え行くなど、いと覚束《おぼつか》なき空景色もこゝもせず、露深き野径《のみち》の草をふみわけて曽根田《そねた》の方より刀根川の堤にのぼりくるものの引きも切らず、やう〳〵九時とも覚しき頃には田河の河岸に聚《つど》ひたるもの百人にあまりつべく……

（カッコ内、振りガナ引用者）

これは、日清戦争に従軍した陸軍二等軍曹の吉田幸一の凱旋を、かれの故郷の曽根田の人びとが利根川の堤に集まって祝福しよう、という場面である。そこには、白帆の舟が上下する、当時の柳田國男の言い方でいうと高瀬舟であるが、その舟が利根川を上り下りしていた、という風景である。現在では、利根川の護岸工事によって土堤が川面より一五メートルくらい高くなっているため、直接には源清田から利根川を見渡すことができない。柳田國男が少年のころ、あるいは浅野和三郎の青年時代の明治二十年代には、そういう白帆の高瀬舟が利根川を上下する風景を平野から見ることができたわけだ。

明治のころまでは利根川がそのように海とじかにつながっており、その利根川の河岸には松林がひろがっていて、そのなかを白帆を掲げた舟が上り下りする、という風景があった。

また、柳田國男の文章の別の箇所によると、「その利根川の川の水に灯がうつる」とある。布川の町の屋敷群もあり、対岸の布佐には船頭が集まって騒ぐ遊廓のような場所も存在したので、その灯が利根川に映って見えたといふのである。それゆえ、江戸から明治にかけては、護岸工事もほとんどされておらず、利根川の川面が両岸から直接見えるような位置関係だったわけである。そんな風景もしかし、柳田が『利根川図志』解題のなかで、昭和のはじめにはすでに風景が一変してしまった、と書いている。

それから又五十年、其間に利根の風景も一変した。堤防は無闇に高くなり、幾つかの鉄橋が架って汽車が走り、その代りには縦の水運が衰へてしまつて、松の林を行く白帆の影も消え、あれだけ多くの高瀬舟が、来ては風待ちをして居たと処々の川湊は、何れも川と縁を切つてしまつて、水に灯の火の映るといふ家も、坐つて川の見えるといふ二階も無くなつた。

明治二十年のころから、およそ五十年での風景の変化である。近代化にともなって、利根川はその関東平野と海とをつなぐ水運の役目を失い、河岸の人びとの生活も利根川と切れていったのである。

銚子や野田というのは現在でも醤油で有名な土地となっていることからも明らかなように、江戸時代、利根川から江戸川をへて全国から江戸に物資が集まってきた。もちろん、利根川を使わないばあいもある。たとえば、仙台をはじめとする全国の米は、江戸の隅田川西岸の幕府の米蔵——これが蔵前の地名の由来である——に集められ、木曾や和歌山をはじめとする全国の材木は、深川の木場《きば》に集められた。

江戸への物資がなぜすべて直接に江戸湾に入らないのかというと、浦賀水道の存在である。浦賀水道では満潮、干潮の変わり目で海の水の流れがきわめて速くなり、いまでもこの辺りで伊豆大島や小笠原行きの船に乗っていると、階段があるようにゴンッという音がして黒潮にぶつかる。船酔いしてしまうほどの波の荒さで、江戸時代には海の難所とされていた。それゆえ、外洋からこの浦賀水道にかかる直前の浦賀に、江戸に入る物資のための海の関所がつくられた。これが浦賀奉行所である。

浦賀奉行所は、江戸湾に入る前、三浦半島の東側で、税関的な役割を果たし、江戸に入ってくる物品に対して税金を取ったり、「入鉄砲に出女」を監視したりという検査をしていたのだが、そのさきの浦賀水道が船で入りにくい海流になっているので、むしろ利根川を使ったほうがはるかに安全に江戸に着けるというわけだった。

4……西洋に開かれた港と白砂青松

ほとんど人のいない横浜村

江戸時代には京・大坂への北前船だけではなく、江戸に入ってくる物資の流れが出来、それも多くは海を使って運ばれた。そこで、海岸線の変化をめぐるもう一つの大きな問題が出てくるのである。

清河八郎の『西遊草』が書かれたのは安政二（一八五五）年である。すでにその時点で日本は開国していたものの、長崎と下田を別にすれば、日本の海岸に直接外国の船が入ってくるということは、ほとんどなかった。それゆえ、海岸線には江戸時代の白砂青松の風景がまだつづいており、その浦々、湊々を伝わって白帆をかかげた和船が行き交うという光景がまだ一般的だった。『西遊草』には、ペリーについての記述もある。清河は伊勢詣での帰りに東海道を下ってくるが、神奈川宿を通り過ぎたときの記述である。

このときはまだ横浜が開港（安政六年＝一八五九年）されておらず、ここは人口八百人の寒村にすぎない。横浜が発展のきざしを見せるのは、ペリー来航の翌年、横浜で「日米和親条約」の交渉が行なわれるようになって以後のこと（安政元年＝一八五四年三月三日締結）だが、まだ近代的港湾の形態をととのえてはいなかった。

　横浜は、安政六年に開港されたあとで干拓された。現在の横浜駅も入江の海の中だった。開港後、税関が置かれ、そこに関内という地名が付けられたのであって、その関内の土地もまだほとんど葦原であった。

開港直前の横浜とその周辺（安政6年）（武洲横浜開港見分図、神戸市立博物館蔵）

　なお、東海道の神奈川宿というのは海に接しているわけではなく、東海道の五十三次の一つで、横浜よりずっと内陸側に位置する。それまでの横浜港は地名としては子安村、いわゆる本牧《ほんもく》の沖である。横浜という村はすでにあったが、漁村というより寒村で、ほとんど町の態はなしていないような状態であった。

ともあれ、清河八郎『西遊草』のその本牧、横浜に関するくだり。

昨年あめりかのいたりて、相対のありし本牧のさき、横浜よりいづれも一目に見落《みおろ》し、昨年異国船のいたる時は、此辺の往来糸ををる如くにて、眼前本牧、横浜のさきに拾艘ばかり並びたる模様《もよふ》は、いかさま小山をうかべたるありさまなりき。此節は水戸老公の作られし軍船、横浜に乗《のり》きたりありて、中の造作いたすとぞ。長さ拾八間ばかりにて、異船に異なる事あらず。

（傍点引用者）

水戸藩の経営する造船所は江戸の石川島にあった。その石川島造船所がのちに発展して、播磨重工業と一緒になり、石川島播磨重工業となった。

右の引用文に傍点したくだり、水戸藩がこのとき造った軍船の名は、朝日丸である。なおこの船を造る仕事をしていたのが、のち明治海軍の軍艦のほとんどすべてを設計する上田寅吉である。

上田は、伊豆半島西海岸の戸田《へだ》の船大工で、大船を造りたいと水戸藩の石川島に行ったのである。プチャーチンのディアナ号が「日露和親条約」を締結するさい、津波で破損し、のちに沈没したとき（安政二年＝一八五五年）、自分がぜひその洋船を造りたい、ロシアの沈没した船と同じものを造りたい、と言って石川島造船所から伊豆の戸田に戻ったのである。その造艦のあと、かれは幕府によって長崎海軍伝習所に洋艦づくりの技師として選ばれるのだ。

上田が朝日丸の造艦にたずさわったのは、まだディアナ号の沈没が起こるまえの話である。清河八郎は横浜で、この水戸藩が造った、和式木造帆船ではあるが「長さ拾八間（三二メートルあまり）」の大型——五百石以上の——軍船の噂を耳に入れていたわけだ。それによれば、その軍事的装備は、横浜で行なったことになる。

三二メートルあまりの軍船といっても、ペリー艦隊の一番大きな船は七十数メートルあったのでそれほどの大きさではないが、清河八郎の想像では、千石船を超える大きな軍船であり、洋艦に匹敵するものにおもえたのだろう。

国際港となった平戸

日本の海岸にも十六世紀の半ばには、バスク人でイエズス会宣教師のフランシスコ・ザビエルが鹿児島に入港し、ついで平戸・山口などに上陸して布教を始めた。十七世紀のはじめには、オランダのリーフデ号が大分に漂着し、家康から貿易を許されるというかたちで、日本への入港が始まった。その場所として最初に選ばれたのが平戸である。フランシスコ・ザビエルが最初に教会をつくったのも、この平戸である。

平戸はそれまでの、江戸時代を通してずっと繁栄していたような、白砂青松の遠浅の海をもつ港に対して、もっと深い、潮の流れも速い、外洋に接した港だった。

最初はポルトガルとスペインの船がこの平戸に入港して、布教と貿易にたずさわった。しかし、秀吉が布教を禁じ、家康の時代になって、オランダとイギリスの船が貿易を許されたのである。

ここが徳川家康の見せた賢い一面で、一つの国に貿易を独占させると、相手の言い値で貿易をしなくてはいけなくなる。そこで、家康は二つの国に競わせたのである。二国で競わされた結果、イギリスとしては日本の貿易にはあまり利益がないと判断して、貿易を許されたにもかかわらず、みずから撤退した。つまり、江戸時代の日本はオランダだけに貿易を許したわけではなく、イギリスにも許可を与えていたのである。当初イギリスに対しての貿易許可を求めたのは、オランダ船リーフデ号に乗っていたイギリス人のウィリアム・アダムズ、つまり後の三浦按針《あんじん》だった。

そういう経緯によって、オランダはまず平戸に商館をもったのである。すでに述べたように、それ以前に、フランシスコ・ザビエルなどがキリスト教の布教のために日本にやってきていた。そうすると、西国大名らは自分たちで独自に南蛮貿易をすると非常に儲かるので、競ってキリスト教に入信し、領内でも布教を許し、みずからキリシタン大名となって貿易で大儲けした。大村湾に面した大村藩の大村純忠《すみただ》しかり。豊後大分を中心に九州の過半を併呑《へいどん》していた大友宗麟《そうりん》、平戸の松浦鎮信《しげのぶ》にしても、そうであった。

このばあい、ヨーロッパの船はポルトガルやスペインから外洋を渡って、インドのゴアやマラッカ経由で、日本にやってきていた。一六〇二年にジャカルタ（バタビア）に東インド会社を設立したオランダは、それより二年まえ、リーフデ号が難破しながらも日本にたどりついていた。

ちなみに、イギリスがカルカッタに東インド会社を設立したのは、一六〇〇年である。

お椀型の和船とビア樽型の洋船

ところで、これらのヨーロッパの船は、当時の日本（そして中華世界）のものと構造上どのように違っていたのだろうか。

江戸期までの日本の船は、中央に白帆を立てたお椀型のもので、波の上に浮いて、沿岸を岸づたいに回り、遠浅の海岸に着くように作られていた。外洋には出てゆかない。

これは、徳川幕府の禁教令が、キリスト教の布教を恐れて、日本人が外国に渡航したり、外国人が日本へ上陸することを禁じた結果、といっていいかもしれない。あるいはまた、東アジア世界のなかに閉じた海の観念がもたらした、船の構造といってもいいだろう。つまり、外洋に乗り出して外国を訪れることができないように規制された範囲内での造船であったわけだ。お椀の一番底に渡し板を敷き、その上に人が座ったり米を積んだりする。積んだ米を背景にして、たとえば森の石松が寿司喰いねえ、と言うわけである。この場合、床板の上にみなが座って旅をする、ということになる。

ところが、ヨーロッパから外洋を渡ってアジアまで来る洋船（艦）というのは、外洋の波を横切らなくてはいけない。そのために、中央に竜骨（キール）を備え、あたかも恐竜が海の波を切ってゆくような構造にした。また、船のなかに外洋の大波が入ってくるとまずいので、甲板《かんぱん》をつくり、右から来た波は左へ、前から来た波は後ろへ流す、という形式の、ビア樽を横にして上を平らな甲板にした船型をつくりあげたのである。人間や貨物は船の腹のなかに収まる。そうすると、喫水は深くなる。波の上に浮くお椀型の和船と違って、ビア樽型の洋船は水のなかに入っている船腹の部分がとても大きいのである。

千石船のような大型船でも、和帆船のばあいは港の深さが五、六メートルあれば十分だったのに対して、喫水の深い洋帆船にあっては、港の水深は一〇メートルかそれ以上の深さが必要とされた。

日本が開国する以前から、こういった和船と洋船の構造上の違い、およびその違いにもとづく航法の違いや、港湾の深さおよびその構造の違いに気づいていたのが、長崎の出島にオランダ東インド会社の医師として赴任していたシーボルト（ドイツ人植物学者）だった。シーボルトは文政九（一八二六）年、オランダ商館長の江戸参府に随行した「紀行文」の序で、次のように述べている。

航海および航海術は、（日本のように）海上商業が自国の沿岸航行だけに限られていて、そのうえ船の構造様式に一般の規則を設けている国においては、ほとんど進歩というものがなかったのかもしれない。それにもかかわらず沿岸の航海は国内商業の場合と同様に完全な段階にあるのがわかる。ことに入江や港にめぐまれた地方では沿岸の航行は陸上の輸送よりはるかに有

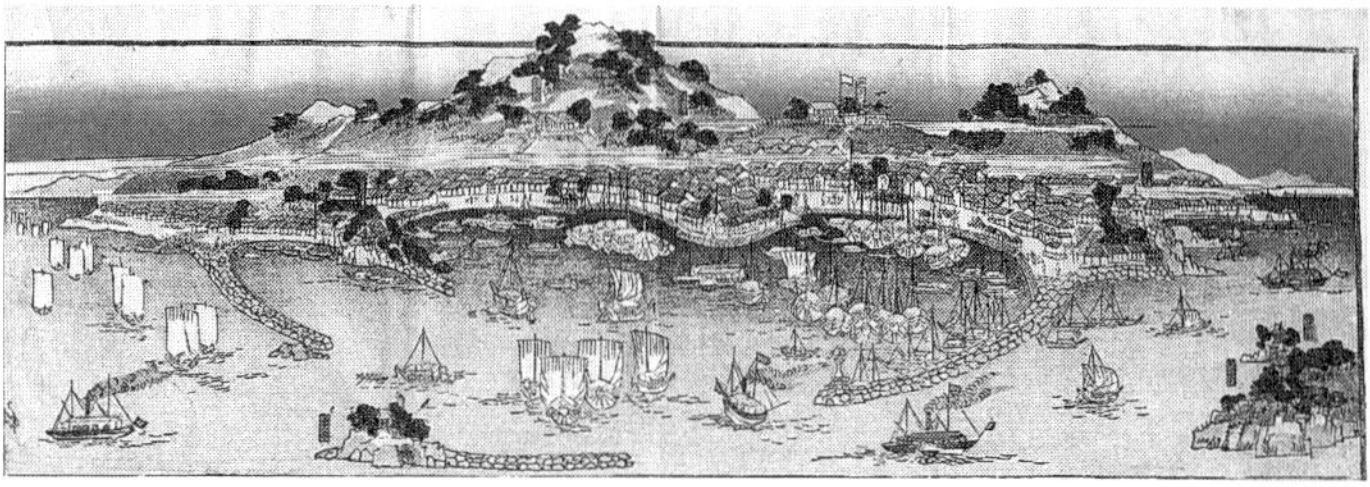

引札（木版画）　備後鞆の津 港繁栄（福山市鞆の浦歴史民俗資料館所蔵）

利である。（カッコ内引用者、以下同）

ここには、山がちの風土で、二十一世紀の現在でも国土の六八パーセントを森林が占める日本にあっては海上交通（とくに沿岸航行）が便利で、発達した状態にあったことが認識されている。その認識を前提としたうえで、江戸時代の「航海および航海術」が幕府の規制（五百石以上の大船、および軍船の製造禁止）もあって「進歩というものがなかった」、と指摘されている。

ともかくそれ（日本の船）は独特な構造をもっていて、今日にいたるまで支那の造船術からほとんど受けついでいるものもないし、ヨーロッパの造船術からの影響は皆無である。（中略）その構造の独特な点はほとんど目立つような竜骨や肋材《ろくざい》のないこと、開いた船尾とくちばしの形をして突き出た船首とである。

こういった和船の構造は、すでに述べたように、瀬戸内海の鞆の浦のような、円形の浅い入江をもつ港を発達させた。シーボルトはこの江戸参府の帰り、その鞆の浦に立ち寄ったときの見聞を、次のように記している。

陸。六月二三日（旧五月一八日） 朝、引き舟にひかれて鞆（Tomo）の港にはいる。正午ごろ上陸。たいへんきれいな町並みで、船の出入りがあり活気にあふれた町である。（中略）東北の側にある港は、概して小さい日本船には都合の良い停泊地で、北側にはたいへん頑丈な堤防、西南の側は町と高い山があって港を守っている。港外は三尋《ひろ》（五・四メートル強）の深さであるが、港内はもっと浅く、私の考えではヨーロッパの船は入港できない。けれども約半マイル（約八〇〇メートル）離れた所に同じような好条件で錨《いかり》を降ろすことができる。

ここに明らかに指摘されているように、鞆の浦は江戸後期のころ、よく整備され活気もある港町だったことが、よくわかる。しかし、港外の瀬戸内海に面した海でも深さ五、六メートル、港内はもっと浅く、「ヨーロッパの船は入港できない」、とも。

このシーボルトの観察を裏付けるように、幕末のペリー艦隊が開港地として要求したのは、江戸時代に栄えた水深五、六メートルの港ではなく、それよりはるかに深い水深の港であった。千石船は洋トン数でいえば、せいぜい一〇〇トンにしかならない。しかし、ペリー艦隊の最新鋭の旗艦サスケハナ号は、汽走帆船――蒸気船だが、外洋では石炭を節約するために帆走する――で、二四五〇トンもあった。アヘン戦争（一八四〇～四二年）のときのイギリス海軍の最大の軍艦は三〇〇〇トンといわれる。これらの三〇〇〇トン級の洋艦船は、水深一〇メートル以上の深い港でなければ入港できないのである。

幕末に徳川幕府が官営の造船所のための軍港として選んだのは、フランスの軍港であるツーロン港を手本とする横須賀だった。ツーロン港は水深一三メートルあり、この基準に従って幕府は横須賀港を軍港に造り上げたのである。江戸時代には漁港や交易港として役に立たなかった、こういう水深のある港が急遽《きゅうきょ》役に立つようになった。これによって、横須賀は明治政府のもとでも軍港となり、現在でも海上自衛隊の、そうしてアメリカ第七艦隊の母港として使われているわけである。

幕末に下田がいちどは開港地とされながら、五年後の安政六（一八五九）年に閉鎖され、横浜開港へと転換されたのも、この水深の浅さが主なる理由の一つであった。下田は天城山の噴火によって熔岩が流れ込み、ところどころに浅瀬や暗礁があり、洋艦船の入出港には危険が多かったのである。

横浜と同じように、北海道では、松前の代わりに箱館が開港地として使われるようになった。箱館は海底の火口に水が入りこんだ摺り鉢状で、深いのである。

「繋船に宜《よろ》しき」長崎

キリスト教が日本に入ってきたとき、大村藩を例に挙げると、この藩は長崎港を有していたが、最初はその港はあまり使い道がなかった。長崎市には現在でも大村町という地名があり、ここが大村藩の所有であったことがわかる。そこはかつて長崎甚左衛門（純景《すみかげ》）という小キリシタン領主が支配していたところである。この長崎甚左衛門は、大村藩主の純忠と一緒に、横瀬浦で洗礼を受けている（永禄六年＝一五六三年）。

ポルトガルは永禄八（一五六五）年、平戸藩の松浦隆信と争いを起こし、平戸を捨て、キリシタン大名の大村純忠が支配する長崎地方に、その拠点を移した。横瀬よりはるかに南、長崎港の入り口にあたる福田浦がその新しい交易港だった。ここは、長崎甚左衛門が支配する港で、長崎甚左衛門は地方の小勢力だったので、大村純忠の家臣となっていた。純忠の妹か娘を妻にしていたらしい。

長崎氏は本来、関東から移ってきた戦国武将であるようだ。たとえば、長崎盛綱は代々、伊豆国の田方郡長崎村を領し、その地名を苗字として、鎌倉の執権であった北条泰時《やすとき》の執事をつとめていた。元弘三（一三三三）年、北条氏が新田義貞の軍に襲われた。このとき、長崎高重《たかしげ》は新田軍と戦うが、武蔵小手指《こてさし》原、久米川、分倍河原《ぶばいがわら》などで八十数度の合戦をおこなったものの、そのいずれにも敗れたと伝えられている。要するに、戦下手《いくさべた》だったのである。

この負け戦のさなか、長崎氏のうちの一人が九州に流れ、長崎湾の奥を領して地侍になった。これが、長崎甚左衛門という小キリシタン大名の祖である。

さて、長崎甚左衛門は横瀬浦で受洗したあと、その居城に教会を建てている。場所は、長崎旧市街の東端、春徳寺（後述）の所在地で、教会の名はトードス・オス・サントス教会である。イエズス会の神父たちが、この教会をおとずれるようになり、そのとき長崎港が喫水線の深い洋船の入港に便利で、交易地としても都合がよい——縦長の円形の入江になっている——ことに気づいた。

『大村家譜』には、大村純忠と長崎甚左衛門が受洗した七年後の元亀元（一五七〇）年のこととして、次のように記されている。

元亀元年庚午《こうご》の春、南蛮人、長崎浦を観察して、繁船に宜《よろ》しきを知り、故に此《ここ》に着岸して貿易することを請ふ。

南蛮とは、本来、中国の政治の中心地である中原《ちゆうげん》の地から見て、文明の開けない南蛮地方、という文化意識で、雲南省や貴州省あたりを意味した。そして、その方角のなお南からシナ大陸へと最初にやってきたヨーロッパ人、すなわちカソリック教徒のイエズス会のポルトガル人、スペイン人を「南蛮人」と呼んだのである。このあとにつづいたプロテスタントで、布教よりも交易を目的としたオランダ人やイギリス人は、この「南蛮人」と区別して、「紅毛人」と呼ばれた。オランダ人の一部に、髪の毛が異様に紅い一族がいたことからの命名だろう。

ともあれ、大村藩に長崎への入港を請うたのは、この「南蛮人」であるポルトガル人だったのである。長崎が「繁船に宜しき」港であることを知ったためだった。

ポルトガルはこのとき、平戸に代わる港を探しており、一方、キリシタン大名の大村純忠・長崎甚左衛門はポルトガルとの交易をさかんにしたい、という欲求をもっていた。この両者の思惑が一致して、長崎を貿易港とすることが決まったのだった。

ところで、長崎がポルトガル船の交易港と決まった元亀元（一五七〇）年には、キリシタンの布教に寛容だった織田信長が権力を握っていた。それが、信長が本能寺の変（一五八二）で死んだあと、豊臣秀吉が権力を握ると、事態は決定的に変わった。秀吉は、バテレン追放を名として、交易地の長崎をみずからの直轄地にすべく、長崎城を攻めたのだった。長崎甚左衛門はこのとき、秀吉軍のまえに敗退するわけだ。

この長崎城の陥落にふれて、その二百七十年ちかく後、吉田松陰は嘉永三（天正十年＝一八五〇年）年十一月二十七日の『西遊日記』に、こう書いている（そこに、さきの春徳寺のことも出てくるのだ）。

二十七日　晴。鄭（幹輔。帰化した中国人で、通訳）を訪《おとの》う。申時《さるどき》より仲亮（中村仲亮）を伴いて春徳寺に至り、東海（訳官、東海氏）の墓を見、城山に登り長崎を望み、魯《ろ》を小とするの思《おもい》をなす。山の形勢、烽火山《のろしやま》其の後に興り、昆毘羅山《こんぴらやま》其の右に連《つらな》り、彦山《ひこさん》其の左に峙《そばだ》つ。宜《むべ》なるかな、長崎甚左衛門なるもの、地利を恃《たの》み豊公（豊臣秀吉）の為《た》め、踏み潰《つぶ》さるること。（カ

ッコ内、振りガナ引用者）

当時数え二十一歳にすぎない吉田松陰ではあるが、さすがに山鹿《やまが》流軍学者の家を継ぐ者らしく、戦略上の見取り図を描きながら、この日記を書いている。――長崎甚左衛門の居城は、右の烽火山に本丸を置いており、その、「魯《ろ》を小とする」ほどの広き周囲は山また山で、難攻不落といった感じである（むろん、戦国時代には海から攻めるといった戦術は、ほとんど考えられていない）。そういった「地利を恃《たの》」んだからこそ、長崎甚左衛門は秀吉に歯向かい、長崎の城を守れると自惚《うぬぼ》れたのであろう。その自惚れによって、豊臣秀吉に「踏み潰さ」れたのだ、と。

ちなみに、長崎甚左衛門が居城とした烽火山は四二六メートル、その右の昆毘羅山は三六六・三メートル、左には彦山三八五・五メートルがある。ここからは長崎市中の屋根瓦が眼下に見下ろせる。ということは、長崎の港はこれらの山々からストンと落ち込んだ、のちに「開港」される神戸や横浜や箱館などと同じ地形だったのである。

長崎の港がポルトガルに提供されてから八年後の天正六（一五七八）年、長崎周辺の反キリシタン勢力、すなわち野母《のも》半島の深堀氏と諫早《いさはや》の西郷氏とが連合して、長崎を攻めた。かれらの背後には、佐賀の大勢力である竜造寺氏がいた。

このため、大村・長崎氏は長崎港を守るため、長崎ぜんたいをイエズス会に寄進してしまった。天正八（一五八〇）年のことである。

この大村・長崎氏側の判断は、長崎を西インドのゴァと同じように教会領にしてしまえば、ポルトガルがここを軍事的に守ってくれるだろう、と期待してのことだった。こうして、長崎とその南にある茂木《もぎ》とは、いちおう教会領になった。

このとき、ゴアからやってきた巡察使ヴァリニャーノ神父が作成した長崎領贈与の文書は、次のような内容のものだった。

一、長崎・茂木の町（田畑をふくむ）を、「永久に」無償で「贈与」する。
二、死刑をふくむ裁判権を与える。
三、入港する船の入港税・碇泊税を与える。
四、ただし、入港する船の物品輸入税は大村側に属する。

要するに、大村・長崎氏側は長崎領のほとんど一切の権利をポルトガル側に譲り与え、ただ物品輸入税のみをみずからのものとして保有する、というのである。

ところが、この長崎・茂木がイエズス会の教会領となった天正八（一五八〇）年、ポルトガルは一時、世界史のうえから消滅していた。

これは、ポルトガル国王がその二年まえ、領土拡大の目的でモロッコに遠征し、現地民に翻弄されて、行方不明になっていたからである。この情勢を好機として、スペインのフェリペ二世がポルトガルに侵攻した。そして、ポルトガルを併合し、空位になっているポルトガル国王をフェリペ二世が兼任してしまったのである。

この時点で、法・制度的には、キリスト教会に寄進された長崎はスペインの長崎領である、といった解釈も可能になるわけだ。ところが、法学博士でもあるヴァリニャーノ神父は、こういったスペインの領土的食指に対して、日本人の領土所有の観念からすれば、かれらが領土を教会に「贈与」するといっても、また「永久に」という条件をつけてはいても、それは日本の大名が家来に「知行地」を与えるような性格のもので、大名はいつでもその土地を家来からとりもどせる、とスペイン側に説明していた。

スペイン側がこの説明に納得したかどうかはわからない。しかし、フィリピンや台湾に対しては軍事的な占領行為に出たスペインは、日本には十分な防備やそれを支える秩序があると見たためか、長崎（および茂木）を教会領というかたちのままに放置しておいた。そして、その後、天正十五（一五八七）年に、キリシタン大名の大村純忠が死んだあと、後継者の大村喜前《よしさき》はキリスト教を棄てたのである。このため、長崎甚左衛門は後援者を失ったわけだった。

その直後、豊臣秀吉は文禄《ぶんろく》の役（朝鮮出兵）を起こした。しかし、長崎甚左衛門は長崎が要害であること、つまりその「地利を恃」んで、秀吉の命令を拒み、結果として「踏み潰さ」れたわけである。秀吉は、バテレン追放を名として、交易地の長崎をみずからの直轄地にした。翻っていえば、それよりまえの竜造寺氏にしろ、このときの豊臣氏にしろ、ポルトガルとの南蛮貿易の利はそれほど魅力的におもえたのである。

豊臣秀吉はイエズス会のバテレンを追放したが、これに代わる徳川幕府は、家康のころ、すでに述べたように、オランダとイギリスに競わせて貿易をさせた。徳川幕府が禁教令を出してキリスト教を禁じたのは、慶長十八（一六一三）年のころである。幕府が長崎にオランダとの貿易のための出島をつくったのは、その二十一年後、寛永十一（一六三四）年だった。出島の完成は、その二年後である。

ただ、平戸もその後ずっと長いあいだ国際港として使われていたことも確かで、吉田松陰の『西遊日記』を読めば、清国船や琉球船がなおもここを利用していたことがわかる。松陰は幕末にさしかかる嘉永三（一八五〇）年、海外との貿易をしていた長崎に長州藩の藩邸を訪ねていった。長崎での藩邸を訪ねると、海外情勢がわかるからである。

松陰がなぜ海外に興味をもったのかというと、その当時、アヘン戦争（一八四〇〜四二）が起きて、老大国の清が西洋のイギリスという国に負けてしまうという歴史的事件があったからである。西洋の国々が東アジアまで来ている、いや日本の隣まで来ている、という危機意識が、東シナ海と海でつながっている萩・長州の藩士である松陰に芽生えはじめていたわけだ。

アヘン戦争がどういうふうに行われたのか、そのことを記した『阿芙蓉《あふよう》異聞』という書籍もすでに出版されていて、それが中国（清）から運ばれてきていた。

当時の清国船は、その多くが台湾あるいは福建省の船であった。鄭成功《ていせいこう》は、福建省の貿易商であると同時に海賊であった鄭芝竜《しりゅう》と、平戸の田川マツという女性とのあいだに、平戸で生まれた子どもである。かれは日本と貿易をすることによって金を儲け、それを軍資金にして、満州族の清が滅ぼした明帝国を復興しようとしていた。

鄭成功は、満州族の清帝国と戦いつづけ、日本に何度も出兵してくれるように要請した。しかし、日本は中華帝国と干戈《かんか》を交えたくなかったので、鄭成功が長崎で軍資金を稼ぐための貿易だけは大目に見る、という態度をとっていた。中国からの船が長崎に入ってきていたのは、はじめはそういう鄭成功の息のかかった船が多かったのである。のちには、清帝国からの貿易船が入るばかりか、長崎には唐人町さえできたのだった。

中国からは、墨や硯《すずり》などの文具品ばかりでなく、古典や学問書などの書籍が入ってきたが、同時にアヘン戦争に関する情報や研究書なども入ってきていた。若き松陰は、長崎の長州藩邸で海外情報を教えてもらったり、平戸藩家老で山鹿流軍学者の山鹿万介や、同じくそこの家老で陽明学者でもあり、また山鹿流軍学者でもあった葉山左内のもとを訪れて清国の魏源《ぎげん》が書いた『聖武記《せいぶき》』——中国の歴代皇帝の事績を書いた歴史書——を借りて勉強したりした。

なお、魏源というのはアヘン戦争のあと『海国図志』を著わし、西洋文明の諸国にはどんな国があり、それらの国はどのような状態であるかということを仔細に書いた人物で、佐久間象山がライバルと目していた。

さて、松陰はまだ数え二十一歳である。かれの『西遊日記』嘉永三（一八五〇）年十月十三日のくだりには、鄭成功の生地だった平戸の河内浦のことが、詳しく記されている。

河内浦というのは平戸の副港である。平戸は平戸瀬戸に面していて、もちろんそこにはかつてオランダやイギリスの商館が建てられていた。禁教政策によりポルトガルやスペインが撤退すると、平戸港の東海岸にオランダ商館、西海岸にイギリス商館がつくられた。このイギリス商館が城に近い場所にあり、現在でもそこに、沈没した船の錨などが陳列されている。

しかし、平戸港は狭く、そこに入ってゆく平戸瀬戸の流れが速すぎて、船が停泊しつづけたり、入港するのには困難がともなった。そのため、副港の河内浦がよく使われていたのである。松陰は書いている。

　河内浦此の地西洋の碇《いかり》を掘出すと云ふは寛永十八年以前、満（満州族をさすとおもわれる）……阿蘭《オランダ》・諳厄利亞《アンゲリア》（イギリス）等などの交易場なり。明の鄭延平《えんぺい》（鄭成功のこと）も亦爰《またここ》に生ると云ふ。城下より一里。平戸は甚だ険岨崎嶇《けんそきく》（険しく平らかでない）の地なり、町中少し平坦なり。是《こ》れは海を埋め開作（削）したる者と云ふ。島中多く甘藷《かんしょ》（サツマ芋）を種《う》え食料の助けとす。（カッコ内、振りガナ引用者）

ここに書かれているように、平戸城は海中よりスックと立ち上がったような山の上にあり、城下町の平坦な地は、「海を埋め」、開削・干拓してつくった土地であった。それゆえ、町中の川には湾の水が入り込んでいたのである。

それはともかく、松陰が平戸に遊んだ嘉永三（一八五〇）年ごろは、平戸はまだ国際港に近い役割を果たしていた。いわく。


琉球船十四五艘海上に見受けたり、帆半ばより上は白、半ばより下は黒なり

当時、琉球船が平戸港を利用していたのである。

ベニスに匹敵する港・堺

ポルトガル、スペイン、オランダ、イギリスの船が日本の海に来るようになると、それまでの遠浅の湊ではない、深い港が利用されるようになった。しかし、日本国内の船はまだまだ浅い湊で十分だった。一方、平戸がいわば国際港になるのと同じころ、堺も当時、国際港になっていた。

現在の堺は浅い港で、近代工業・貿易のためには役に立たなくなって、新たに深く掘りなおしたほどであるが、織豊時代には堺港が、国際貿易のため非常に役に立っていた。それゆえ、織田信長にしても千利休にしても、この堺での外国貿易の権益を握ることが、軍事力の維持や文化的な誇示に大きな意味をもったのである。

十六世紀半ばから、ヨーロッパの船が日本の西南地方に進出しはじめていた。すでにふれたように、イエズス会士のフランシスコ・ザビエルがまずたどりついたのは、鹿児島である。薩摩出身のアンジローという男が、日本国内で事件を起こして、薩摩海岸に停泊中のポルトガル船に逃げ込み、中国を経由してマラッカにあり、ザビエルはかれを水先案内人として天文十八（一五四九）年八月、鹿児島に到着するのである。

ザビエルは、インドのゴアの神父のもとに書簡を送って、鹿児島に到着すると同時に堺の町のことを、次のように報告している。

堺という町には裕福な商人がたくさん住んでいる。そして、ほかのいかなる日本の地方も及ばないくらいにそこへ金銀が流れ込んでいる。

堺の町は、ルソン（フィリピン）、安南《あんなん》（ベトナム）、シャム（タイ）、そしてバタビア（ジャカルタ）との交易に乗り出して、国際港になっていた。そして、それを支配下におさめようとしたのが、織田信長であった。当時の商人たちはその交易によって得た金を使って、茶をたしなみ、風流に精を出していた。

フランシスコ・ザビエルがイグナチウス・ロヨラとともに、パリでイエズス会を設立したのが、一五三四（天文三）年であるから、その十五年後に日本に来たわけである。ザビエルもロヨラも最初はインドへの布教が目的であったので、一五四一（天文十）年にリスボンを出発し、翌一五四二（天文十一）年にインド（ゴア）に到着し、それから七年後に鹿児島にやってきた。ザビエルもロヨラもフランスとスペインのあいだにあるバスク地方の出身で、かれらの経歴は司馬遼太郎の『南蛮のみち』に詳しく述べられている。

ザビエルが日本に来た一五四九年というのは、オランダがバタビアに東インド会社（一六〇二年）をつくるほぼ半世紀前のことである。イギリスがカルカッタに東インド会社（一六〇〇年）を開いていたのに対し、オランダはインドネシアのジャカルタ、当時の名前でバタビアに東インド会社を開いたのである。そのときには、ポルトガル・スペインが中心になってキリスト教の布教のために、すでに東アジアに来ていた。ただ、布教のためには必ず何か文物をもってきて、その利によって宗教へと誘うというのが、あらゆる宗教の布教のやり方である。貿易は、布教の手段であった。

日本もそれによってスペイン、ポルトガルとの貿易をはじめることになった。そして、大村純忠らの西国大名たちはバチカンに天正少年使節を送り、東北仙台藩の伊達政宗もまた支倉常長《はせくらつねなが》をローマに使節として送ったのである。

当時の西国大名を中心とする人びとは、みなキリスト教に帰依《きえ》するかたちをとった。しかし、かれらが本心からキリスト教に帰依したのかというと、細川ガラシャ夫人などは心からキリスト教を信じていたけれども、平戸藩主の松浦氏の家臣、のちにラフカディオ・ハーンの庇護者となる島根県知事の籠手田安定《こてだやすさだ》の先祖にあたる籠手田定経《さだつね》などは、主君の命令によって改宗し、ポルトガルとの貿易のための方便としたのである。松浦氏は実際にじぶんがキリスト教に帰依したのではなく、利益を得るためにそのふりをしたのだったろう。

ただ、平戸では松浦氏がキリスト教の布教を許したので、キリスト教会もつくられ、女性たちが西洋人と結婚したり、子をもうけたりした、ということもあった。しかし、秀吉・家康の時代に貿易をする分にはいいが、日本人への布教はよくない、といわれると、キリシタンたちは支配者への服従から逃れて教会への帰属を強めていった。そのことが、結果とすると、徳川の禁教政策を引き出すことになった。

平戸にオランダ商館が建てられたのは、慶長十四（一六〇九）年で、これが閉鎖されたのは、三十年あまり後の寛永十七（一六四〇）年である。その閉鎖をまえに、日本人であってもキリスト教徒であれば、バタビアに追放されたのだった。追放されたかの女らが、平戸の親戚によこしたのがジャガタラ文《ぶみ》で、「日本こひしや、こひしや日本」という手紙である。逆に言うと、当時、平戸とインドネシアのバタビアというのは、切っても切れない関係になっていた。

平戸のオランダ商館長に、コルネリス・ナイエンローデがいた。かれは十年ほど商館長をつとめたあと、寛永十（一六三三）年に平戸で病没したが、山崎甚左衛門の姉とのあいだに長女ヘステルを、ついで洗礼名スシリアとのあいだに二女コルネリアをもうけていた。

コルネリアの母はナイエンローデの死後、判田《はんだ》家に再嫁している。このためコルネリアは、幕府のキリシタン禁教策が強化されたこともあって、異母姉ヘステルとともに、寛永十四（一六三七）年――この時点ではまだ平戸のオランダ商館は閉鎖されていない――ジャガタラ（インドネシア）に渡ったのだった。そこで、オランダ人のコールと結婚し、十人の子をもうけた（うち六人が死亡）、といわれる。

しかし、コルネリアは年をとるとともに、生まれ育った日本の地や平戸に残った母のことが恋しくなり、日本との文通が許されるようになると、判田家に嫁した老母に手紙を送ってきた。かの女は手紙とともに、子どもを抱いたじぶんの姿を木彫りにして送った。

そのコルネリアと、「ジャガタラ文」のこしょうが同一人物であるかどうかは、わかっていないが、同時期にジャガタラに移った混血児キリシタンにこしょうという女性がいた。かの女が日本に送った「ジャガタラ文」の文面は、次のようなものであった（現在、平戸観光資料館蔵。もと木田家所有）。

日本こひしや〳〵
かりそめにたちいでて
又とかへらぬふるさとおもへば
心もこころならず
なみだにむせび　めもくれ

ゆめうつつとも候へども
あまりのことにちゃつつみ一つ
しんじ（進じ）まいらせ候
あら　にほんこひしや〳〵〳〵
うばさままいる（参る）　こしょう

こしょうという女性にとって、ジャガタラへの旅立ちは「かりそめ」のことであり、永遠にその地に住み没することは、予想外のことであったのだろう。「にほんこひしや〳〵〳〵」と切なく繰り返されるフレーズは、かの女の望郷の思いを伝えてあまりある。

　オランダが平戸に遺したものは、三十年あまりの商館の跡――のみならず、倉庫、火薬庫、鳩小屋、病室、そして石塀――や、コルネリアの悲話、そうしてこしょうの「ジャガタラ文」ばかりではない。平戸の海がジャガタラや、遠くオランダの異国につながっているという地理感覚と、その異国には日本の文化や技術を超えるものがある、という認識であったろうか。前者は、鄭成功（明朝復興の動き）と平戸をつなぎつづけるもとになり、後者は平戸藩の築橋技術や隠れキリシタンのもとになったのである。

　ともあれ、その当時、西洋世界に開かれたのは、まず平戸、次に堺であった。堺はルソン（フィリピン）などとも交易をしていた。ルソン助左衛門（納屋助左衛門）などが貿易商として出てくるし、山田長政はシャム（タイ）で日本人村をつくりあげたのである。このように、織豊時代から徳川初期に外国船と貿易をするようになってくると、深い港が必要とされるようになってくる。堺港はそれほど深くないのだが、茶や麝香《じゃこう》を扱う商人などは自分の家に舟をつないでいて、外国船が来るとその自分の舟を外国船に横着けして物品を取引した。堺の街は、全域に大きな堀を掘って水路を形成していたのである。

当時の堺は、どれくらい繁栄していたのだろうか。このような繁栄は、堺だけでなく博多もそうだったのだが、角山栄氏の『堺——海の都市文明』（ＰＨＰ新書）によれば、堺は「ベニスに匹敵するような東南アジア屈指の港」と呼ばれるようになっていた。

その当時の堺の推定人口は八万〜十万人で、江戸が開かれるよりまえであるので、かなり大きな都市であったといえる。江戸や大坂は、徳川時代の終わりには人口百万に達していたが、当時の鹿児島の城下などは人口五万といわれているから、それより二百六十年まえの堺が八万〜十万の人口を擁していたのは、かなりの大都市だったのである。

ちなみに、同じころのベトナムのハノイが十万人以上、山田長政が日本人村の長となった、シャムのアユタヤがやはり十万人クラスの都市だっただろう、と推定されている。また、三万〜四万人クラスではブルネイのパサリがあげられるので、堺は当時かなり大きな人口を抱える貿易港として栄えていたといえる。都市の規模の大きさでいうと、インドのゴアの次がマラッカ海峡のマラッカ、中国のマカオ（ポルトガルの植民地）、という順で、堺はそれに次いでいた。なお、マカオはポルトガルの東インド会社の本拠地で、一九九九（平成十一）年に中国に返還された。堺は、そのマカオに並ぶほどの巨大な貿易港だったのである。

ポルトガル船などが堺で買う物品は、茶、絹のほかに銀があった。当時は石見や生野の銀山が開発され、当時、銀本位制であったヨーロッパの商人が競って銀を買っていた。もちろん、日本全国の港がそのようにヨーロッパと貿易をしていたということではなくて、博多、堺、平戸、天草などの限られた港が開かれていたにすぎなかった。

それに、天下統一のため仏教に対する対抗的な宗教としてキリスト教を使おうと考え、その布教を許した織田信長を別にすれば、豊臣秀吉や徳川氏にはキリスト教の布教に対する強い抵抗感があった。そのため、慶長十七（一六一二）年以後は禁教政策がとられ、江戸時代においては、寛永十一（一六三四）年に「出島」が作られてからは、外国貿易の港は長崎に限られた。すでにふれたように、長崎は水深の深い港としてヨーロッパ人が見いだし、貿易のために特に指定された港だった。江戸時代、幕末までの二百二十年間、長崎がヨーロッパに対する唯一の窓として開かれたのだった。

石巻の繁栄

江戸時代に繁栄していた港というのは、北前船の寄港する日本海側の港や、太平洋側でも米の積み出しをする石巻港などであり、そこでは、平野のなかに掘られた貞山堀が米の積出し水路として使われるようになった。

江戸前期の松尾芭蕉の『おくのほそ道』（一六九四年）などを読むと、その当時どこの港が繁栄していたかということがよくわかる。また、清河八郎の『西遊草』は幕末の一八五五年のものだが、『おくのほそ道』はそれよりも百五十年前に出版されていて、そのころにはすでに北前船航路や石巻港などが非常に栄えていた、ということがその記述によって知れる。たとえば、

石の巻という港に出《いづ》。「こがね花咲《さく》」とよみて奉《たてまつり》たる

「こがね花咲」というのは、まさに米の黄金の華が咲く、という意味である。

「こがね花咲」とよみて奉《たてまつり》たる金花山、海上《かいじょう》に見わたし、数百の廻船入江につどひ、人家地をあらそひて、竈《かまど》の煙立《たち》つゞけたり。

江戸時代が始まって百年のころの繁栄ぶりである。こういった石巻港の繁栄が、江戸時代の米づくりや各地の特産物（石巻のばあいは水産物や乾燥の俵ものの積出し）の出入りによって生み出されていた。

最上川流域のばあいは、米や酒などの物産のほかに、江戸時代の四木三草の一つの桑によって

支えられる生糸や、染料のもとになる紅花、あるいは漆などが運ばれた。この最上川については、富士川、球磨《くま》川と並ぶ三大急流であるといわれているが、最上川は他の二つほどには急流ではないという説もある。ただ、雪深い東北の山地から流れ出てくるため、春は水量が多く流れも速い。芭蕉も、「五月雨をあつめて早し最上川」と詠んでいる。水量が多いため流れは速くとも、かえって海の船が引き綱によって山中まで遡っていけるということになる。芭蕉はこの川を下って、日本海岸の酒田まで旅をしてゆくのである。

最上川のらんと、大石田《おほいしだ》と云所《いふところ》に日和《ひより》を待《まつ》。

北村山郡大石田町は、最上川の中流に位置する、内陸随一の船着場である。ここで川が上流二つに分かれていくので、ここまではすべての船が上ってくることになる。

爰《ここ》に古き誹諧の種こぼれて、忘れぬ花のむかしをしたひ、芦角一声《ろかくいっせい》（辺ぴな田舎の風流）の心をやはらげ、此道《この》にさぐりあしして、新古ふた道にふみまよふといへども、みちしるべする人しなければと、わりなき一巻残しぬ。このたびの風流、爰に至れり。（カッコ内引用者）

このくだりは、芭蕉が最上川流域を旅しながら、俳諧の道しるべとして、旅の風流を大石田の人びとと一緒に一巻にまとめた次第を述べているわけだ。

最上川は、みちのくより出《いで》て、山形を水上《みなかみ》とす。ごてん・はやぶさなど云《いふ》おそろしき難所有《なんじよあり》。板敷山《いたじきやま》の北を流て、果は酒田の海に入《いる》。

酒田というのは北前船の大きな寄港地である。酒田の本間家がこの北前船交易でどれくらいの富を得るに至ったかは、俗謡の「本間さまには及びもせぬが、せめてなりたや殿さまに」の詞に象徴的だろう。

酒田では、最上川が直接海に注いでいるために河口が深港になっている。当時の北前船の大きな港としては、ただ単に深ければよいというのではなく、新潟や能代、秋田、酒田などのように、川が水をたっぷりとたたえて海に注ぎ込んでゆき、広い河口をもって多くの船が停泊できる、そして河岸に倉庫群などをもつことのできる後背地（バックヤード）がある、というのが、交易のために好都合だったのである。

ついでながら、『おくのほそ道』で特に有名になった一つが象潟《きさかた》で、ここはいまでは海辺の潟ではなく、すっかり陸上になっているが、これは干拓ではなくて地震によって土地が隆起した結果である。

象潟は当時から浅い潟であり、船は櫓《ろ》でこげず、さおで進んでいたほどの浅さであった。「江の縦横一里ばかり、俤《おもかげ》松島にかよひて」、つまり松島と同じように周辺に小島がたくさん浮いているが、その風景の表情は「また異な」っている。

松島は笑ふが如く、象潟はうらむがごとし。寂しさに悲しみをくはえて、地勢魂をなやますに似たり。

なお、この松島に接した石巻港が非常に栄えていたわけだ。

米づくりが白砂青松をつくった

日本では、江戸時代から長い年月をかけて、米づくりのために、全国各地で干拓と水田づくりが進められた。先にふれた貞山堀もその手段の一つだが、実は、この貞山堀の最終的な完成は明治五（一八七二）年なのである。三百年がかりの大工事だったわけである。

秋田の八郎潟は、海水の入り込む堆積《たいせき》湖の潟を、第二次世界大戦後五、六年経ってから国の政策で干拓して米をつくれるような水田に変えた。その後、昭和四十年代になってやっと干拓が終了している。瀬戸内海の児島湾の干拓も昭和三十七年に完成、ということになる。そういう意味では米づくりは江戸時代から昭和まで、一貫した国策として進められてきたのである。

江戸時代は米がとれなかった松前では、昆布などの水産物を代替物として十万石に値すると計算されていたが、こういった換算は、商品市場が大坂を中心として全国的に統一されていたからこそできることであった。同じように対馬藩は朝鮮貿易をすることによって、具体的には朝鮮人参など医療品を扱うことで十万石の財政規模であると計算されていた。対馬には現在では水田も存在するが、江戸時代には棚田を別とすれば水田がほとんどなかった。海ぎわまでヒトツバタゴ、別名海照らしともいうが、タゴ系の木肌の堅い、真っ白なモクセイのような細かい花の咲く、朝鮮半島から伝わってきた木が全島をおおっていたのだ。対馬には水産業以外の産業はなく、対馬藩の収入の手段としては朝鮮貿易しか考えられず、そのため幕府によってその貿易の権利を与えられ、米換算で十万石とされていた。

ともかく、江戸時代の藩国経営の基本は米づくりであるから、それができる地域では、どこでも防風林、防砂林、防潮林の役目をする松が植えられ、その松原のさきに白い砂浜がつづき、遠浅の海がひろがるという、白砂青松の風景が生み出されたのである。松林が植えられたから砂浜がつづくのである。現代のように海にテトラポットを入れ、砂を流さないような努力をすると、九十九里浜などではそれでかえって海流の向きが変わってしまい、砂浜がえぐられて、砂が海に流出してしまうという状況を生んでいる。砂浜が日本全土であのようにつづいていた白砂青松の風景というのは、実は、テトラポットで保護できるものではなく、松林によって守られていたのである。

貞山堀に話を戻すと、伊達政宗のころに仙台米を水上輸送して港に運び出すために造った運河であるが、当時は「御船入堀《おふねいりぼり》」と呼ばれていた。舟を曳いて入れる掘割、という意味である。これは政宗以後も掘られつづけ、明治五年に完成するのだが、仙台平野の諸川はすべてこの貞山堀につながっており、北上川の河口の石巻付近までたどり着いている。阿武隈川から北上川まで、全長四七キロの長さに達している。

米づくりのためにこういった掘割が造られ、ばあいによっては城下から外海へとつながる内堀として、あるいは平野の真ん中の水上輸送のための運河が造られた。こういった工夫も、すべては米づくりのためであり、その米づくりの結果として白砂青松が日本の代表的な風景になっていったのである。そしてこの風景は、清河八郎の『西遊草』によってわかるように、ペリー艦隊が来た後でも全国的にまだ一般的だったのである。

第五章

『海国兵談』とナショナルな危機意識

ロシア船の来航

日本の海岸線は総計三万五〇〇〇キロあり、これはアメリカの一・五倍、中国の二倍にあたる。日本の場合は、山がちの風土に海が切れ込むという海岸線の構造になっているため、凸凹に富んでおり、直線にするときわめて長いのである。中国などはあのような広大な土地でありながら、海岸線が凸凹になっていない。東シナ海に面した長い海岸線の多くは、鹿島浦や九十九里浜のようにずっとゆるやかな曲線を描いているという構造である。そのために、中国ではたくさんの海洋生物を生む岩礁が少なく、海産物も少ない。沿岸に小魚や貝などがあまりいないのである。

岩礁が少ないと、あまり生物が生まれず、棲息もできない。これは、島ぜんたいが巨大な岩盤でできあがっているアイルランドや、その離島のアラン島などで海岸に棲息する生物がきわめて少なく、それゆえ、これを食べて生きる海辺の鳥がほとんどいないことにも明らかであろう。わたしがアラン島の海辺で目にした鳥は岩つばめ一羽だけで、カモメも海ねこも他の海鳥も、まったく見当たらなかった。

東シナ海に面した中国でも海鳥は少ない。これは、海岸に生物があまり棲息していないことを示している。中華料理に海産物が少ないのはそのためである。中国では鮑《あわび》など、かつて一〇〇パーセント日本からの輸入であった。それも干し鮑である。日本の海岸線はそれほど豊かだった。日本の国土面積は中国の二五分の一でありながら、海岸線は二倍の長さをもっている。海岸線の意味を考えるさいには、そういったこともあわせて考えていかなければならない。

江戸中期に『海国兵談《かいこくへいだん》』が林子平《はやししへい》によってあらわされたが、海に囲まれている日本は、ただたんに海に囲まれた国であるというよりも海岸線が複雑で長い国であるといったほうが、日本という島国の地形と防衛的な危機意識との関係を考えるうえで重要だとおもわれる。

海岸線がそれほどにも複雑で長いということによって日本の風土の性格が意味づけられることにもなる。また、その風土のなかで日本がどのような変化を経てきたかという関係も考えられるし、自然的な風土だけでなく、そこでの文化の変化も同時に考えていけるとおもうのである。

林子平は江戸中期、寛政の三奇人の一人である。

三奇人の一人は蒲生君平《がもうくんぺい》。宇都宮出身で『山陵志《さんりょうし》』をあらわした。天皇関係の御陵を調べなおし、日本のアイデンティティを皇室の歴史のなかで捉えなおすという仕事をした人物である。これは、ある意味で直接には海や海外と関係がないようにも感じられる。しかし、日本のアイデンティティの構築は、海外の他国との関係において必然となったことであると考えれば、大いに関わりがあった。

三奇人のもう一人、高山彦九郎は内陸の上州の出で、海には直接関係のない生活をしていたが、彼が活躍したのは、日本に外国人が訪れはじめていた時代である。

たとえば、寛政という年号は一七八九年から一八〇〇年にあたり、十八世紀の終わりにあたっている。江戸時代とするとほぼ二百年経ち、ペリー来航（一八五三年）にさかのぼること半世紀前のことである。このころは、日本国内の幕藩体制はゆるぎなく、大塩平八郎の乱（天保八年＝一八三七年）もまだ起きていない。外国との接触はいちおう長崎の出島に限定されていた。もちろん外国との接触方法は、現実にはもうすこし違うものがあり、朝鮮通信使は対馬を経由してきていたし、薩摩藩は坊津《ぼうのつ》で密貿易を行ない、能登の時国《ときくに》家も宋や明との密貿易を行なっていた。出雲の松江に至ってみれば、その地が中国の松江に似ていたから中国人がその地名をつけたという土地でもあり、もともと中国人が松江にやってきて鮑を買ったのである。中国では鮑がほとんどとれず、中国料理に入っている鮑はみな干し鮑で水で戻して使うのだが、日本では松江から買っていくのが一番多かった。もちろん長崎でも買うわけだが、ひそかに松江でも購入していたのである。

そういった観点でみると、江戸時代は鎖国をしていたといいながら、海という場は実際には密輸もふくめて、通商・通信に開かれていたことになる。すでにふれたように、薩摩藩では、明・清の船と防津で密貿易を行っていた。ここも丸い小さな入江であるが、明・清の船はその入江までは入らず、防津の浦の外で艀船《はしけぶね》を使った密貿易であったらしい。

ロシア船との貿易でも、幕府が松前藩の港（松前）とは別に、箱館で官船による交易を行っていた。ただ、江戸時代は、そのように一部の港がひそかに開かれながらも、国内は徳川家が幕藩体制によって統制しつつ、各藩にそれぞれの政治、産業、経済、教育をまかせているという仕組みだった。

しかし、十八世紀の終わりころになると、ペリー艦隊の来航を予測させるように日本の周りに欧米の船が訪れはじめていた。ロシアとの関係ということでは、ロシアの海賊が来て北海道周辺を荒らすということはあったが、ロシア商人自体はすでに述べたように箱館に商館をもち、十九世紀の初めには幕府と直接取引をはじめていた。実際の交易自体は、幕府の許可を得て北前船の高田屋嘉兵衛（後述）などが受け請う形式を一八〇〇年ころにははじめていたのである。そういう幕府の方針もあって、寛政の三奇人が出てくるころには江戸より北の海域にはロシア船が来はじめていたのである。

林子平の『海国兵談』のなかでも、冒頭に、カムチャッカのほうから「黒船」が来ているという情報が書かれている。この、黒船とは、別にペリー艦隊だけをさすものではない。スペイン・ポルトガルの来航以来、十六世紀の後半から日本に来ている西洋船はヨーロッパから大洋を長い時間をかけて横切ってくるので、素木《しらき》では腐食や虫害も考えられることから、防腐剤であり防虫剤でもあるコールタール・ピッチが塗られていた。現在の舗装道路に使われるコールタールの上澄み水である。それを塗るので、西洋船は茶色の濃い、黒に近いような色になっていた。これが、黒船という名の由来なのであって、織豊時代から洋船の呼び名になっていた。

国防としての海岸線

『海国兵談』が、最終的に完成して刊行されたのは寛政三（一七九一）年であるが、天明二（一七八二）年には印刷がはじまり、天明五（一七八五）年には一応の初版ができあがっていた。この、十八世紀の終わりころには、東北の港や沖にはカムチャツカからのロシア船が来ていた。このように、東北地方の海にはロシア船が来ており、ペリー艦隊がやって来る二十八年前、文政八（一八二五）年には、水戸藩沿岸に捕鯨のためのイギリス船もやって来ていた。その事実が、会沢正志斎《あいざわせいしさい》の『新論《しんろん》』に書かれている。

これ以前、水戸沖の海にはイギリスの捕鯨船が来て捕鯨をし、水や食料がなくなって、水戸藩の港、大津浜に上陸するという事件があった。同じころ奄美大島には、イギリス船が上陸し、略奪や放火などの事件を起こしている。つまり、ペリー艦隊が浦賀に来航する前から日本各地で、ロシアやイギリス、アメリカの船が日本の海岸線に訪れはじめていたのである。しかし、当時の日本は原則的にはまだ禁教令にのっとった鎖国政策を建前としていたわけであって、そこに捕鯨のさいの難破を回避するためや、食料補給などの名目で外国船がひそかに寄港する、という事態が起こったのである。

そうすると、国内交易（例外的にロシアやオランダとの貿易）のためだけに海岸線や港が考えられてきた事態と異なり、国家（ネーション）の防衛、あるいは海岸線の防衛ということが意識されるようになってきた。つまり、禁教令に従って外国人を上陸させないはずだったのが、現実には上陸している。その現実にどう対応するか、そうして、これは国家（ネーション）を危うくするのではないか、またその危機を防止するためには何をすればよいか、という意識で『海国兵談』

はあらわされたのである。

『海国兵談』の内容については、もうすこし後でふれたい。海防を意識し、日本の防衛を固めるためには、今の言葉でいうと内的なナショナル・アイデンティティを構築しておかなければならない。つまり、日本とはいかなる国かということをはっきり認識しておかないと、究極において何を守るか、という防衛目的がはっきりしない。ただ、海岸線を軍事的に守っていればいいというわけではないのである。最終的に日本の本質とは何か、何を守ろうとするのか、という問題になるのである。

そこで、水戸藩の会沢正志斎によって、日本の本質としての「国体」あるいは「天皇」といった問題意識が浮上してきたのである。それが文政十一（一八二八）年の会沢の『新論』である。そして、それよりも二、三十年近く前、蒲生君平は『山陵志』をあらわし、全国の天皇陵を調べるという方法で、日本の歴史的なアイデンティティを、天皇制との関わりでとらえなおすという試みをしていたのである。

そういう問題意識でわかることは、外に対する国家の防衛という危機意識と、国内的なアイデンティティの構築としての天皇陵の調査とは、密接な関連があったということだろう。

その両者をつなげている存在が、寛政の三奇人のもう一人、高山彦九郎である。

かれは日本の対外的な危機が結局のところ、国内における皇室の衰微によって生じていると考え、その衰微している皇室を復興させるべく、全国を旅して「尊王」を訴えた。その思いの強さによって、かれは「尊王の泣き男」とよばれた。

高山彦九郎は、武家の出ではなく、尊王の志士の魁《さきがけ》として、全国に奔走した。たとえば、若狭小浜《おばま》藩の蘭方医で解剖学の『解体新書』（一七七四年）をあらわした杉田玄白《すぎたげんぱく》とつきあったり、当時の「西洋への窓」であった長崎を見に行ったりもしている。

同じように林子平も、なぜ外国の船は日本まで来るのだろうか、だいたい外国というものは何なのか、ということを認識するために長崎を三度も訪れている。高山彦九郎は日本のアイデンティティ、つまり民族的文化の固有性（ナショナリティ）を考えるために、日本全国を歴遊し、この地方では何がとれる、どんな偉い人がいるか、どういう孝行者がいるか、といったことを詳細に調べて回るのである。その土地土地の産業や地誌、人物などを詳しく調べる、こういったことを、かつては「観光」といった。現在使われている言葉の意味とはずいぶん違っているのである。

蘭方医の登場

高山彦九郎が、日本全国の「観光」といったことをしなければならなくなったのは、日本の内なるアイデンティティを再認識するためである。これは、日本とはアイデンティティを異にする外国が、日本の外に来はじめていることへの危機意識の表われといっていい。

すでに、外国の文化や学術、あるいは医学が、杉田玄白をはじめとする蘭方の医学などといったかたちで入りはじめていた。

蘭方の医学は、日本の伝統的な医学や漢方より進んでいるところがあった。これはある意味で、当然のことであって、戦争もなく鎖国を三百年もつづけていれば鉄砲の傷などほとんどないわけである。ところが、短銃やライフル銃など、戦争用の銃砲器を江戸末期にオランダ商人が持ち込み、幕末には英米からたくさん輸入されるようになった。そうすると、それを用いて猟を行った殿様が銃砲傷を負うという事態も出てきた。これを治せる漢方の医者はいない。漢方は、もともと、内臓に起こった疾患をじっくりと治していく、といった類の内科医学に長じている。外科の刀傷や銃砲傷を治すことはあまり得意ではないのである。

たとえば、大村藩の殿様が鳥撃ちに行き、弾が体にあたるという事件が起きた。地元に蘭方医がいなくはなかったが、自分では治せないというので長崎で勉学中の蘭方医を呼んでくるという事態があった。この蘭方医は、大坂で緒方洪庵の適塾《てきじゆく》や長崎でポンペに蘭方を学んだ日本人、つまり、のちに夏目漱石の主治医になる長与専斎《ながよせんさい》である。こういう事態をきっかけに大村藩では長崎、もしくは大坂の緒方洪庵のところで蘭学を学ぶことの許可を正式に出すことになった。そのように、オランダ医学（その基礎はドイツ医学）というものが役に立つものだということがわかりはじめたのである。それは、銃砲傷だけでなく、細菌の伝染による結核や、眼科など消毒や外科手術をすれば治るといった疾病に効果があるということで、その結果、長崎での学問や医学修業に対して、ひいては西洋に対する興味につながっていった。

こういう西洋に対する知識や興味が広がることによって、「尊王の泣き男」つまり尊王運動の先駆的人物だった高山彦九郎なども、わざわざ長崎を訪れ、杉田玄白と交わりを結び、水戸に学び、日本の全体を知ろうと北海道まで行こうとした。もっとも、高山は青森まで行ったところでその先の北海道にアイヌの反乱が発生し、渡海を断念している。そういった反乱情報も自分の日記に記している。

江戸中期には、いろいろな人物が海外のオランダのみならず、西洋文明に対する興味をもつようになった。これは蘭学者に限られたことでなく、漢方医の安藤昌益なども十八世紀のなかごろに書いた『自然真営道《しぜんしんえいどう》』で、オランダを一種のユートピアとして描いている。それに、寛政六(一七九四)年に隠居した伊能忠敬が、オランダの測量器械をつかって、蝦夷・樺太をふくめた全国地図を作成しはじめるのも、西洋と日本というナショナルな対抗意識にもとづいていた。ちなみに、伊能日本図(『大日本沿海輿地《よち》全図』)には当時の海岸線がみごとに写し取られていた。

つまり、西洋文明に対する興味が出てくると同時に、西洋列強に対する警戒意識も発生する。それは、西洋からその文明や学問や医術といった分野では積極的に取り入れたいのだが、もしかしたらそれが国内に戦争を起こし侵略されるような事態につながるかもしれない。こういった危機感を醸成するような出来ごとが実際に出てきていた。

十九世紀はじめには、奄美大島にイギリス人が、千島列島にロシア人が上陸し、住民が乱暴されるなどといった事件が起こっている。こういった事態が、幕府をしてロシア海軍の艦長であったゴローニンを乱暴事件の首謀者ではないかと疑わしめ、かれを捕らえて箱館に幽閉するという対応につながってゆく。そして、そのゴローニンの釈放のために高田屋嘉兵衛が独力で活動するのだが、この事件は、外国人が日本列島に上陸するという事態がすでに現実にたびたび起こりはじめている、ということを意味していた。

林子平の『海国兵談』

そうすると、国家防衛つまり海防ということを、当然のことながら、時代的な情勢論だけでなく、幕府の軍事的な戦略論として考察することが必要になってきた。

この軍事的な戦略論を、まず国家（ネーション）の危機意識において展開したのが、すでにふれた『海国兵談』だった。それ以前は、日本が海国であるという捉えかたをしてはいても、海に周りを囲まれているというだけの地勢論が主だった。そこにあったのは、ただ、西洋の船がやって来るという新時代の意識にすぎず、防衛という危機意識はそれほど強くなかった。

というのも、日本は現実的な意味で鎖国をしていたわけで、外国船が来るのは長崎だけというように先入観ができあがっていたからである。幕末の時点であっても、自国の地図の上に、たとえば江戸湾の入り口の浦賀水道のところに「夷船《いせん》打ち止め線」が引かれ、外国船はこれより中には入れない、と指示している。そう書けば、頭のなかにその線が引かれてしまい、外国船はここより内には入っていけないので、当然入ってこないだろうという固定観念ができあがり、いざとなれば浦賀水道の両側、竹ヶ岡と観音崎の砲台から大砲を打ち出せば外国船は打ち止められるのだ、という思い込みができあがっていた。

そのため、天保八（一八三七）年、浦賀にアメリカのモリソン号が日本に通商を求めて来航したさいには、ここに外国船が来てはいけないという警告の意味で、大砲を発射して、退去せしめている。アメリカ側とすれば、浦賀が国内向けの関所であり、用のある外国船は長崎に行け、などというのは日本が勝手に決めたことで、世界の外国交際・通商化の動きに背く、いわば「天理に背く」行為であると考えた。そこで、十六年後のペリー来航のさいにも、日本が「開国と通商」をしないのは「天理に背く」ものだとして戦争を始めるが、戦争に負けた場合の白旗二旒《りゆう》を日本側に贈りつけてくるわけだ。

日本には、そのようにみずから国を閉ざせば、外国が「開国」を求めてくることなどない、ましてや襲ってくることなどない、という思い込みができあがっていた。つまり、島国の中に閉じこもっていれば安心、という内向きの精神性ができあがってしまっていた。

しかし、実際には、外国人が貿易を求めて来航する、ばあいによっては上陸する、ときには略奪をするという事態が起こりはじめていた。そのため、日本はもしかしたら侵略されるかもしれない、という危機意識を強めていた。東アジアでは実際に、一八四〇（天保十一）年のアヘン戦争で清国はその敗北の結果、香港を割譲し、天津など五つの港を自由貿易港として開かれているのだ。

そういう西力東漸の〈世界史のゲーム〉の現状がわかってくると、イギリスの世界戦略というものは、海峡の入り口の島や岬を乗っ取ってその海峡を支配するばかりでなく、その奥にひろがる大洋ぜんたいの海上権（シー・パワー）を掌握する、といった戦略をとる、ということがわかりはじめてきた。

たとえば、イギリスは大西洋とインド洋を結ぶ航路の喜望峰を支配し、インド洋と南シナ海を結ぶマラッカ海峡のシンガポールに海峡植民地を築き（十九世紀初め）、大西洋と太平洋を結ぶマゼラン海峡の入り口にあるフォークランド諸島を実効支配していた。イギリスの「七つの大洋《うみ》」を支配するという構想は、そのような海峡や岬や島を支配する現実主義的な戦略によって可能になったのである。

じっさい、文久元（一八六一）年、ロシアが対馬を不法占領したところ、箱館に駐在していたイギリス領事ホジソンは本国にあてて、「われわれは対馬を占領して、極東のペリム島（紅海の南入り口にあるイギリスの軍事拠点――引用者注）とすることである」と進言していた。

日本はたしかに、四周を海によって守られているという実態はあるけれども、これは翻っていえば、海を隔てて他国と隣り合っているということでもある。それゆえ、日本が海国であるということの意味を、改めて捉え直さなければならない、という問題意識が、天明六（一七八六）年の『海国兵談』の冒頭で述べられていた（原文は旧カナだが、すこし読み易く変えた）。

海国とハ何の謂《いい》ぞ、曰《いわく》、地続きの隣国なくして四方みな海に沿える国をいうなり。

これはまず、日本における「海国」の自然的な地勢の説明である。ところが、これに次のような記述がつづくのである。

しかるに海国には海国相応の武備あって、唐山《カラ》の軍書及《およ》ビ、日本にて古今伝授する諸流の説と品かわれるなり。

——中国という大陸国家の戦略および武備と、「海国」日本のそれとは、本質的に違っている。また、日本がこれまで伝統的に国内戦だけで戦ってきたことによる戦略および武備とも、本来的に違うはずである、そういった違いを知らなければ、今日の「海国」日本の防衛は成り立たない、というのである。

此《この》わけを知らざれば、日本の武術とハいいがたし。まず海国ハ外寇の来《きた》り易きわけあり、亦《また》来り難キいわれもあり。

——「海国」は海と隣り合っているので、外国からの侵略が起こりやすい原因となる。「来り易し」というのは軍艦に乗じて順風を得れば（『海国兵談』の時代は、まだ蒸気船は出来ていない）

日本全部が周りが海なので、どこからでも数日にして来られる。南の中国や北のカムチャツカ、西の朝鮮半島からも来襲することができる（東のアメリカからさえも）、ということである。もっとも、南の中国からの来襲とはいっても、まだ上海経由のアメリカやイギリスの来航は想定されていなかった。

また、「来り難キ」理由は、「四方みな大海の険ある故、妄《みだ》りに来り得ざるなり」という。つまり日本の場合、四方が大海に囲まれているため、そう安易には攻めてこれないだろう。しかし、だからといって、備えを怠ってはいけない、ともいう。

林子平は、そういう危機意識の結果として、日本の武備つまり軍事力というものは「外寇を防ク術《すべ》を知ルこと、指当《さしあたつ》ての急務なるべし」というのである。そして、その「外寇を防クの術ハ水戦にあり、水戦の要ハ大銃（砲）にあり。此二ツを能《よく》調度すること、日本武備の正味にして、唐山《からだつたん》韃靼等の山国ト、軍政の異なる所なり」、と書いている。

中国というのは、すでにふれたとおり、大陸国家で、基本的に海から来襲されるということがない。それが、意外にも海から襲われたのがアヘン戦争なのであるが、林子平が『海国兵談』を書いている時点では、まだアヘン戦争は生じていない。

しかし、あれだけの大きな大陸国家だから、たとえ侵略されても、敵の上陸場所は小さな点でしかない。あるいは、香港のような海岸線の小島や、マカオのような二、三の港湾でしかない。

それでも、このころから、大陸国家の防衛の方法というものも、海岸線に砲台を並べるというように変化しはじめていた。

それはともかく、林子平は、「海国」日本の防衛は、そういった大陸国家の海岸線防備の方法とは異なり、海での戦とそのために船に大銃を備えるのが大事だ、というのである。

十八世紀後半の林子平はそのように考えていたのだが、幕末の佐久間象山のころになると、海外情報や西洋の軍備、科学技術にも詳しくなった。そこで、日本の海岸線の長さ、たくさんの港湾があるという実情に鑑《かんが》みて、中国のように海岸線の要所要所に大砲をそろえておけば防備ができるということはありえない、という考察になった。中国の場合は、あれだけの大国でありながら、東シナ海に面した海岸線は全体的になだらかで単調、その長さは日本の半分くらいしかなく、大平野の大陸に深く切れ込んだ港湾は少ないので、海岸線からの敵の侵入の場所も限られるのである。

なお、佐久間象山はこの『海国兵談』を読んでいたが、アヘン戦争後の西洋に対する国防というものを考えると、彼此の海軍力の装備や科学技術の圧倒的差を考えると、林子平の防衛論では到底十分ではない、と考えた。それゆえ、象山は、これからは海上に出て戦う海戦というもの、つまり西洋に匹敵する軍艦と大砲というものが海岸線、ひいては日本の国土ぜんたいを守る軍備として必要だ、というのである。

アヘン戦争直後の象山の『海防八策』（天保十四年＝一八四三年）によれば、幕府がすすめるような、日本各地の要所に砲台場を設置するという防衛思想はあまり意味がない、という。海上に出て戦うという海軍力であるならば、隣の港に外国船艦が侵入してきた場合にも、戦うことができる。しかし、隣の港にある大砲は、いま外国から攻撃をされている港を守ることには役にも立たない。こういった事態が出てくるのが、アヘン戦争以後に日本が置かれた防衛思想の前提であった。

第六章

「開国」と海岸線の大いなる変化——近代

ペリーが浦賀開港を要求しなかった理由

海岸線の意味が、寛政の三奇人あたりの時期、つまり十八世紀後半から十九世紀のはじめにかけて、大きく変わった。つまり、日本の海岸線が、ただたんにそこで漁業をしたり国内外と交易をする場として役に立てられるのではなくて、そこに西洋諸外国に対する防衛的、戦略的な意味が出てきたのである。

そのばあい、江戸時代に一般的となった白砂青松《はくしゃせいしょう》の、遠浅の海というのは、艀《はしけ》を使ってではあるが、外国船艦にとって上陸・侵攻しやすい場所であった。翻っていえば、日本にとって、それは防衛に不都合である、ということでもあった。

たとえば、仙台の林子平がロシア船の来航に危機感をいだいて『海国兵談』をあらわした三十数年後、水戸藩領の大津浜にイギリスの捕鯨船の乗組員十数人が上陸するという事件が起こっている（文政七年＝一八二四年）。このとき、薪水を求めて上陸したイギリス人に対し、大津浜の漁民が交易に応じたため、水戸藩は一時、捕鯨船と漁民の三百人を捕らえるに至った。

この事件が水戸藩に与えた衝撃は大きく、水戸藩は全国の藩に先駆けて海岸線の防備を真剣に考えるようになった。たとえば、藩儒の会沢正志斎《あいざわせいしさい》は『新論』（文政八年＝一八二五年）を書き、日本の防衛とは何かを訴え、結局のところ、国体論を提起することになったのである。

なお、それから二十六年して、数え二十三歳の吉田松陰が江戸から東北への旅に出たとき、水戸で会沢正志斎（七十一歳）に会い、その事件現場の大津浜に足を運んでいる。松陰の『東北遊日記』嘉永五（一八五二）年一月二十三日の項には、次のように記されている。

> 二十三日　翳《くもり》。野口家を出《い》で、台場（砲台場）に登る、架砲なし。大津を過ぐ、人家稠密《ちょうみつ》なり。二十八年前暎夷《えいい》（イギリス）の船ここに来《きた》り、脚船（バッテーラ）二隻を卸《おろ》し夷人十数人陸に登りて数日去らざりき。初め何《いず》れの夷たるを知らず、会沢憩斎（正志斎の別号）筆談役となり、地図（世界地図）を按じて之《こ》れを詰《なじ》り、其の暎夷たるを知る。時に永井政助豆（州）の韮山《にらやま》に在り、変を聞き走り返って藤田幽谷《ゆうこく》（藤田東湖の父。藩儒）の所に至る。幽谷、政助に夷人を斬殺せんことを命ず。會々《たまたま》夷船飄去《とびさ》り事遂に果さざりき。（カッコ内、振りガナ引用者）

松陰が耳にしている大津浜事件の概要は、事実とすこし異なるところがあるが、松陰が書いているままを大意訳してみよう。——大津を通ったが、人家がびっしりとあった。二十八年まえ、イギリス船がここに来て、バッテーラ二隻を下ろして上陸し、数日間ここにとどまった。初めどこの外国から来たのかわからなかったが、会沢正志斎が筆談役となって、世界地図を出して問い詰めたところ、イギリス人だとわかった。このとき永井政助が事件を知って伊豆の韮山から戻り、藤田幽谷のもとに馳せ参じた。幽谷は政助に国禁を犯したイギリス人どもを斬殺せよ、と命じたが、外国船があたふたと逃げ去ってしまったので、事は成らなかった、というのである。

この大津浜事件からもわかるように、三、四十人乗りのバッテーラを使えば外国船からの日本上陸はどこでも可能だった。しかし、これではバッテーラ一隻につき数十人程度の乗船が可能というだけで、船が港に直接進入できなければ、交易も攻撃もすることができない。外国船は喫水《きっすい》線が深いために停泊用には水深のある港を使う必要があった。大津浜のような遠浅の港では、外国船艦が直接に接岸することができないのである。

それから二十八年後。ペリー艦隊が来たとき、アメリカが幕府に直接「開国と通商」を求めるため長崎という港に停泊することを考えていなかったが、これは長崎が艦隊の停泊地としてはちょっと狭かったせいもあるのだろう。特に、長崎の出島には一度に四隻も停泊すれば艦艇の行動が不自由になってしまうような状態だった。

もっとも、浦賀港それじたいは切れ込んだ細い河口のような形状で狭いのだが、浦賀湾はその出口が直接太平洋に広がっている。それゆえ、ペリー艦隊がここに来たときは、鴨居《かもい》岬の二キロ沖に江戸から四隻が縦に並んで停泊した。岸から二キロ離れているというのは、日本側から大砲を撃たれないための距離である。鴨居岬には標高五〇メートルほどの小山があって、その山頂が鴨居神社である。そこから一気に海へと落ち込んでいるので、その沖は深い。その深さがない浦賀港では、二四五〇トン、長さ七〇メートル以上の旗艦サスケハナ号は、安心して停泊し行動が自由にできない、ということでもあったのだろう。

江戸中期までは、太平洋側を航行する日本の貿易船は、全部江戸の入り口の下田で荷改めされていた。そうすると、そこから先は江戸の内海であるという認識になる。陸上には箱根の関所がある。江戸に入るのには関所の通過が不可欠だが、海にも関所が設けられていたのである。しかし、江戸の人口が百万を超え、ここに流れ込む物資がものすごく大量になってきたため、その海の関所が伊豆半島の下田から江戸湾入り口の浦賀に移されたのである。

ペリー艦隊にとってみれば、国内港としての浦賀は、それでもまだその港が狭く浅かった。それゆえ、ペリーは開国要求以来、浦賀を開港地にしろという要求は、一度として出していない。徳川幕府の側からすると一度閉じた港ではあるが、下田をもう一度開いて外国との貿易港にしようとした。これは日米和親条約が結ばれたときの決定である。

しかし、すでにふれたように、下田はもともと天城山が噴火して海に溶岩が流れ込んだ港湾なので、深さは十分あるものの、暗礁や岩礁が多かった。これは、一度実見してみれば明らかなことで、港湾の内部に岩山がいくつも突き出ているのだ。

実際、日露和親条約（安政元年＝一八五四年）の締結のため、下田港に入ったプチャーチンのロシア軍艦ディアナ号は、地震によって起きた津波のため、その岩礁にぶつかって底に穴を空け、運航不可能になった。その結果、伊豆半島の西岸の戸田《へた》に修理のため回航中、沈没してしまうことになるのである。

下田はアメリカやロシアの領事館などにも使われたが、その利用期間は短く、五年ほどだった。その理由は何かといえば、港が小さく浅く、溶岩の固まってできた岩礁があり、後背地（バックヤード）も狭く、外国との貿易港として使うためには不適合な港であったためである。それに、佐久間象山やその弟子の小林虎三郎などは、下田が江戸から離れすぎていて幕府の目が届かない危険性があるとして、下田開港以前から横浜開港を主張していた。その結果、万延元（一八六〇）年には再度閉じられ、その役割は新たに横浜港へと移された。

下田と違って、横浜はすぐ近くに山がそびえ、そこからストンと海に落ちていく構造の水深の深い港である。それまでは人もほとんど住んでいなかった芦原を干拓し、平地を作り、そこに税関や倉庫を建てた。幕府はここに外国船が直接に接岸でき、停泊するメリケン波止場などをつぎつぎにつくったのである。山下公園や中華街をはじめとする横浜の繁華街や、本牧埠頭《ほんもくふとう》のほとんどは、この新開の埋立地に作られた。そういうわけで、横浜港の周辺には白砂青松の風景が見当たらない。一方、下田あたりの海水浴場には今も白砂青松の残る地域が多くある。これは、下田が近代の港湾としては役に立たなかったがゆえの自然保存といえるだろう。

江戸時代にあっては、北前船のなかでも一番大きな高田屋嘉兵衛の船などは千七百石の辰吉丸《しんきつまる》の建造が許されていたが、それでもヨーロッパの洋トン数に直せば一七〇トンほどで、ペリー艦隊の最大の艦船、二四五〇トンと比べれば排水量一〇分の一以下の小ささである。ペリー艦隊四隻のうちの最小のサラトガ号でも八八二トンあった。そういう排水量が大きく、喫水線の深い船を入港させることができる港が必要とされるようになってきたのである。

こういった水路および港湾の水深を調べるために、ペリー艦隊の船は嘉永六（一八五三）年に

明治末ごろの横浜港。左が赤レンガ倉庫（横浜開港資料館所蔵）

浦賀に来たすぐあと、浦賀奉行所が交渉している最中にも、江戸湾内海の品川の近くまで侵入してきて、途中ところどころで水深の調査をしている。船が難破しないか、上陸用地としてはどこが適しているか、を調べるためだが、これは、戦争の予備的な行為にもなる。それゆえ、国際法上からいえば、これは戦争の予備行為とみられて、国際法違反にあたるのである（当時の日本には国際法の概念がなかったが……）。

つまり、外海から船が内海に安全に入ってきて、パイロット（水先案内人）が海図を書くことができ、艦船がどこに停泊できるということがわかれば、戦争の際にはその地点からの上陸が可能になるのである。一八五三年の来航時、ペリー艦隊はそういったことまで調べていた。

北前船の湊の没落

ペリー艦隊は、上海から沖縄を経て日本に来たとき、自分たちが使える港というものを探して回っている。そのような港は、すでに小笠原父島や、横浜以外にも見つけていた。

沖縄の那覇の場合も、首里城から坂をストンと落ちたような場所に泊港《とまりこう》がある。那覇港は首里城のずっと南側の東シナ海に面した浅い港であるが、ペリー艦隊はそこではなく、那覇港の一番北側、狭いけれども深い泊港に船を寄せて上陸したのである。ここは、現在でも石垣島行きの一万トン級の大船が母港としている深い港で、洋艦船が中国と貿易をしたり、欧米の船が捕鯨のために停泊したりするのにも使える、水深のある港を選んでいたわけである。ペリー艦隊はそこに、琉球政府の許可も得ないまま貯炭所をつくってしまっている。

そのあと、ペリー艦隊は小笠原で、漂流民（アメリカ人）がここに定住していたので、五〇ドルのお金で港を貸してもらうという契約を取り交わしている。小笠原父島の二見港は、火口に海水が入った、すり鉢状の深い港である。現在でも一〇万トンクラスの船が入れるくらいであるから、アメリカ海軍が停泊地にするのに使い道がある、という判断だったろう。また、日本が開国した後に、アメリカ艦隊はすぐに箱館まで行き、松前ではなく、幕府が使用している箱館の港が交易に使える、という判断をした。その後、アメリカや西洋諸国は神戸や新潟も含めて五つの港を、交易港として選び出した。それらの港は、長崎を別にすれば、基本的には江戸時代の日本では役に立たないと思われていた、水深があり、海岸沿いに平地が少ない場所であった。

これによって逆に、それまで北前船で栄えていた遠浅の港はしだいに没落しはじめた。たとえば日本海側の能代港、秋田港、庄内酒田港、出雲崎、柏崎、三国港、石見《いわみ》の泊港、萩港などである。

越前の三国港などは、中世のころから栄えていたが江戸時代にはもっとも盛んで、明治のころにもまだその名残をとどめていた。港町には富が多く蓄積されており、大きな廻船問屋がたくさん建っていた。しかし、今では漁業港としてはともかく、外国貿易をする港としてはまったく役に立たなくなってしまっている。せいぜい越前ガニの水揚げや、若狭の小浜港などと同じく小鯛を獲って笹漬けにするなどという近海漁業のために使われている。近海漁業は大きな船がいらず、五人、一〇人乗りの小さな船で行なうものであるので、母港は小さくて十分なのだが、その小ささゆえに近代産業のための港湾としては役に立たなくなってしまった、ということである。

京都府の日本海側の海岸線でいうと、舞鶴のような山からストンと落ちたような港が新たに、貿易港としても軍港としても選ばれることになった。その近辺でいうと、遠浅の、天の橋立がある宮津湾などは白砂青松の砂嘴《さし》がつづき、風光明媚ではあるが、近代の貿易港としてほとんど役に立たなくなってしまった。この劇的な交替が舞鶴湾と宮津湾とにはあらわれてくるわけだ。

それでも、近くに代わりになるような港が見つかれば、近代工業のために港に石炭ひいては石油を入れ、そこに自分たちの地方で国内外に運び出す生産物が作り出せれば、その地方は盛栄しつづける。兵庫の代わりに神戸が、というように港の代替があれば、その地域としては近代的な発展が続けられたわけである。

しかし、山形県の場合には酒田の代わりがなく、その酒田港も昭和のころまでは、米や酒や生糸などの積出し港として盛んであった。日本で洋食やステーキを最初に食べさせたのは酒田であると地域の歴史に残っているくらい、この地は近代化との関わりが古い。それは酒田港が最上川の河口であるから、案外に広く、水深もあった、ということである。これに比べて敦賀港などは、軍港の舞鶴にその近代的港湾としての役割を奪われることになった。太平洋側の高知港なども同じく、近代的港湾としての役割は果たせなかった。

使い道のなかった港が軍港に

そう考えると、明治になってから新たに軍港として選ばれた土地というのは、それまではあまり人家もなく、漁業や交易のために使われたことがなかった港湾が多いのではないだろうか。

たとえば、「軍港」というのはれっきとした軍事用語で、そこにはかつて鎮守府が置かれた。横須賀、呉、佐世保、舞鶴の四つがこの「軍港」である。青森の大湊や対馬の竹敷などは、これに次ぐ「要港」である。

佐世保、呉、といったところは、「軍港」といったものが造られなかった江戸時代においては、経済的な意味がない港湾でもあった。横須賀も江戸時代は二千人くらいの人口しかない寒村であったが、その海は水深が一三メートルもあり、フランスの軍港ツーロンによく似ているという理由で、開国後の幕府がここを軍港と定め、造船所を含めた近代的港湾に造り変えたのである。百五十年後の今では、その半分を海上自衛隊が使い、残り半分はアメリカ海軍の第七艦隊が母港として使っている。それはとりもなおさず、この軍港では、現在のような二〇万トンクラスの船であっても、一〇万トン級の原子力空母であっても停泊し、補修できるということである。

軍港は、むろん軍事的な目的で選ばれたわけであり、別にその土地に産業というものがなくていいのである。青森県の陸奥湾の大湊というのは、江戸時代、経済的にはほとんど意味のない土地であった。津軽海峡を防衛するため、恐山《おそれざん》山地からすべり落ちた懐《ふところ》状の大湊が「要港」に選ばれ、今では原子力船の母港にもなっている。

港の変遷というものは、このように海岸線の意味のもつ歴史的な変化に影響を及ぼしている。江戸中期までは、漁業や貿易のためであったのが、幕末から防衛のための意味が大きくなったのである。このため、船の構造も異なり、港湾の使用目的もまったく違ってきた。軍港のばあい、軍人が自分たちで食べたり使用したりする物資は外から運べばいいので、そこが荒野であろうと周囲に産業がなかろうと、いっこうに構わないのである。

対馬の竹敷のばあい、日本が朝鮮半島や日本海への進出や、それらの防衛のための「要港」として建設された。日露戦争のさいには、日本海々戦に向けた軍事訓練をするための港になった。その周辺の海は、広々としていて、しかも軍艦が隠れることのできる島影がいくつもある。そんな条件が求められた軍事的な港である。物資輸送や貿易の目的はまったくなかったのである。

ただ、軍事目的であれ貿易目的であれ、いずれにせよ大きな湾や深い港、海峡などが、近代の海岸線では必要とされた。それに、江戸時代までの風帆船に対して、幕末から日本でも作られるようになった蒸気船は、いつでも、どこからでも出航することができ、また、停止することも自在になった。そのため、風向きや海峡の海流の速さといったものが、船の運航にはさして問題にならなくなるのである。

風帆船のばあいには、風を防ぐことのできる条件が整い、また水の流れが速すぎてもいけないのだが、蒸気船、それも燃料が石炭から石油で動く船になっていくと、風を利用しなくてよいので、風待ちの苦労がないばかりでなく、海流の速さもさして苦にしなくてもすむのである。こういった運航上の大きな変化に応じて、海岸線のもつ意味が大きく変わりはじめるということになった。

マラッカ海峡

ここで視線を少しだけ海外に向けてみたい。

わたしは数年まえマラッカ海峡の中ほどにある商港都市マラッカを訪れたことがある。マラッカ海峡は十六世紀のころから、最初はポルトガル、ついでスペインによって占領され、そのあとオランダ、イギリスがこの海峡を通って東アジアの植民地のため荷おろしをしたりする中継都市として繁栄した。

そして、イギリスが東アジアに海峡植民地を作ったとき、インドのカルカッタ(現コルコツ)からシンガポールに至る重要な中継基地となった。イギリスはマラッカの隣のペナンという港も重要視し、これらを貿易都市として整備したのである。

ところが、マラッカという町は今では貿易の場としては意味を喪失している。これは、マラッカ海峡ぜんたいが長年の土砂の堆積《たいせき》によって浅くなり、船舶の通行のためには、マレー半島からはるか沖合いを通過するようになったからである。

マラッカの町には川が流れ込んでいるのだが、その川の水は泥水に近く、上流から常に泥を押し流してくるのでどんどん港が浅くなってしまった。それゆえ、二十世紀末には貿易港としてまったく役に立たなくなってしまったのである。海岸にあるオランダ船の模型にいたっては、船底が海底にくっついてしまっている有様である。今でも、泥水がマレー半島から流れ込んでくるために、海峡ぜんたいがどんどん浅くなっている。マラッカ海峡は、世界で一番多く艦船が通る(一日に三千隻ほど)のだが、海岸の近くには寄れず、座礁しないように水深のある沖合いを航行することになった。このため、マラッカは港湾都市としての役割が果たせなくなってしまったのである。

マラッカは、今では観光地として、細々と生き残っているにすぎない。マラッカはかつて大いに栄えていた貿易港であり、そのときに中国本土から移ってきた華僑がたくさん住み、中華街も繁栄していた。そのため、町並みは全体に伝統的な中国の商都の風を残している。そこにイギリスが植民地支配のための役所や施設を作り、西洋風の商社や支店などが軒を並べていた。それゆえ、今ではマラッカは実際に貿易が行われる場ではなく、かつての繁栄のあとが残っているという痕跡を見せる観光地となっている。マレーシアを訪れる外国人の観光客相手に商売をしているのである。

第七章

砂浜が消失する現代

四大工業地帯と大きな深い港

呉や佐世保などの軍港は、国家的戦略にもとづいて新しく建設すればよかったのだが、近代産業を興すための貿易港のばあいは、その建設にさまざまな制約があった。

日本は天然資源のきわめて少ない国である。石炭は自給できたが、天然資源の鉄にしても石油にしても、近代産業の最初を紡績業とするならその綿にしても、その原材料のほとんどを外国から輸入してくる近代的な港湾が必要となった。その港湾を持っているかどうかが、その地方が経済的に繁栄できるかどうかの分かれ道となったのである。もちろん、鉄道を使えば国内物資はある程度運べるわけだが、海外から大量に原料を輸入し、日本で加工した物を大量に輸出しない限り、近代日本は繁栄することがむずかしかった。日本では外国との貿易によらなければ新しい産業は興りえなかったのである。

そう考えると、近代日本において盛栄しはじめた地域が、いわゆる四大工業地帯といわれるところだった理由も、およそ推測が可能になる。四大工業地帯とは、京浜、名古屋、阪神、北九州である。京浜は横浜、阪神は神戸、というように幕末に開港地となった港湾をもっている。それに、名古屋は名古屋港のほかに四日市港を、北九州は博多港と門司港という近代的港湾をもっていた。

北九州工業地帯のばあい、背後に炭鉱をもち、海外（アメリカ、そして満州）から鉄を運んできて、石炭で鉄を溶かして製品にし、日本全国あるいは世界に粗鋼や精鋼を輸出するといった仕組みができあがったのである。ここに相対《あいたい》する本州側の下関は、江戸時代、北前船や九州と本州をつなぐ航路で大いに栄えたが、背後に石炭も近代工業も持たなかったため、昭和の戦後は、産業港湾としては急速に衰退したのである。

名古屋港も伊勢湾は深い海であるので、近くに白砂青松《はくしゃせいしょう》の海岸線があまりない。四日市港も深い港であって、石油の荷下ろしやそれによる火力発電所ができる工業地帯である。おそらく桑名やもっと伊勢志摩に近くならないと、人間が海の自然に親しめるようなおだやかな海岸線はほとんど残っていないとおもわれる。

翻っていうと、名古屋港や四日市港が近代的港湾として大きく役に立ったために、名古屋一帯が繊維産業を中心として、次に飛行機産業や、自動車産業を中心とした近代工業地帯へと発展できるようになったのである。名古屋工業地帯では、海から外国の資源を運び入れ、物を作り、また海に運び出すということが可能だったのである。

京浜工業地帯も同じであろう。横浜、川崎、鶴見、千葉といったところはすべて東京湾の海岸線に入ってしまうが、横浜や川崎なら日本鋼管（NK）、川崎製鉄、千葉なら新日鐵や旭ガラスに代表される鉄鋼業やガラス工業などの製造業が盛んであり、原料を輸入し、製品として輸出する、という近代港湾を前提とした工業地帯がつくれる場所であった。

国内消費に回される産業の場合は、またそれだけの物を消費できる大規模の都市が近くに存在することが条件として加わってくるだろう。こういった条件により、近代に栄えた港というのは、それまでの白砂青松の海岸とはまったく違った構造になってきた。

ただ、戦後になって高度経済成長へと「離陸《テイク・オフ》」する前までは、それでも高梁川《たかはし》や最上川には曳船という文化（生活形態）が残っていて、海上交通から水上交通までがひとつながりを保っていた。しかし、戦後日本がウェルス（富）ゲームといった戦略で経済発展し、たくさんの資源を輸入し、しっかりした産業をもって盛んに貿易する、という戦略で立とうとしたために工業一辺倒になった。その結果、遠浅の港は掘りなおされ、工業を主とする産業やそのための貿易に役に立つところだけが、海岸線として意味をもつようになった。

そうすると京浜や名古屋、阪神、北九州の各工業地帯が、大きな深い港を持つことが必須条件になった。つまり、湊や津ではなく、近代的な港湾である。近代的港湾というのは船の接岸場があって、その背後に倉庫が並び、荷下ろしができ、常時人夫などがいるといった後背地（バックヤード）の構造をもっており、しかもできるだけタンカーやコンテナ船などの大型船が接岸できるところが望ましい。

直接に接岸できないばあいは、艀《はしけ》などの施設が整っていなければならない。そうして、そこに、倉庫、鉄道、工場などが海岸線に建ち並ぶのである。

海の見えない海に囲まれて

高度経済成長期以後の日本では、海岸線にある砂浜で遊ぶとか、沿岸の小さな湊や沖合いで地場の漁業をするとかいったことが、あまり行われなくなった。

たとえば、日本の中で、大規模な養殖をする湾や、遠洋漁業をするような港が何ヵ所かに決まってしまう。ハマチの養殖なら鹿児島県の錦江湾、赤道直下までまぐろをとりにいく船は静岡県の清水港、鰹をとりにいく船は千葉県の勝浦港、北方漁業なら青森県の八戸や北海道の根室、というように限定され、あとはトラックや鉄道などを使った陸上輸送、あるいは宅配便などによって市場に出すのである。市場原理主義経済に従えば、国の中にいくつか漁業のための港があればいい、ということになる。基本的にこれらの港はみなコンクリートで固められ、海からそのまま接岸できる人工港湾に近いような構造になったのである。

日本は海に囲まれているといっても、日本人は現在、海を見ることもないまま海に囲まれたコンクリートの建物の中にいるという状態になった。海のそばにあるのは倉庫であったり、鉄道の引込線であったり、接岸のための波止場であったりするので、わたしたちが海を日常的に見て生活し、それによって形づくられた精神の原風景が物の考えかたや文化の中で大きな意味を持つことがなくなってきた。人が住む土地はむしろこの防衛用、産業用の海岸線から隔てられ、どんどん奥まった場所になってきている。人が海のすぐそばに住むことはあまりない。すぐ近くに住んでも、コンクリートの防波堤によって、海と隔てられている。

かつて日本人は、白砂青松の風景が続き、それが終わったところ、つまり「松原遠く」に海を眺め、そこに白帆が浮かぶ風景を持ってきた。そのため、砂浜を通して生活が海に通じているという原風景の感覚が体に残っていた、ということである。それが近代の都市生活によって海から遠ざかったのである。

そのことは実は、近代の都市に住む日本人が火山や渓谷になおも美を見出しても、海辺にはあまり美を見出さなくなったことと関係があるのかもしれない。江戸時代には葛飾北斎の『富嶽三十六景』でも、富士の前景には必ずといっていいほど、海や海に通じる大川などが描かれていた。それが、志賀重昂《しがしげたか》の『日本風景論』（明治二十七年＝一八九四年刊）以後、日本美＝火山（代表例が富士）という固定観念が日本人の中に住みつくようになったような気がする。

志賀重昂の『日本風景論』は、日本美の象徴を火山に見出し、そこに近代日本人の精神的アイデンティティ（一体感）を収斂《しゅうれん》させてゆくうえで、きわめて大きな意味をもった。翻っていうと、かれはその日本美の象徴に、海辺や海岸線をあげていないのである。

その緒論の「跌宕《てっとう》」（のびのびとして大きいこと）の項にあげられている風景は、たとえば、

（一）　那須《なす》の曠野《こうや》、一望微茫《びぼう》（模糊として）、松樹三あるいは五、蒼健高聳《こうしょう》す。

（五）　秋高く、気清く、天長《とこし》へに繊雲なく、富士の高峰、武蔵野《むさしの》の地平線に突兀《とっこつ》（高く聳《そび》えている）す。芙蓉万仭《ふようばんじん》、月中に高き処。嶽影太平洋上に倒映する処。

（七）　立山《たてやま》（越中《えっちゅう》）の絶頂、百余の山岳を下瞰し、いっせいに双眸《そうぼう》中に収むる処。

（十一）日本海上、雲霧冥合《めいごう》、その上より鳥海山の三角形なる峰尖忽焉《ほうせんこつえん》と露《あら》はる。
（十五）仰ぎて大川の天上より落つるを看、俯《ふ》して奔雷を地下に聴く、これ那智《なち》の瀑布《ばくふ》。（カッコ内引用者）

というように、ほとんどが日本火山列島の火山に由来する美の風景である。海があっても、それは火山を映したり、海から屹立《きつりつ》した火山を表現するための舞台にすぎない。

志賀重昂はそのような日本の風景美を見出すゆえんを、次の理由に見出している。いわく、

一、日本には気候、海流の多変多様なる事
二、日本には水蒸気の多量なる事
三、日本には火山岩の多々なる事
四、日本には流水の浸蝕激烈なる事

この四つの理由には、日本の海や海岸線に美と見出すような要素があまり感じられない。これは、志賀重昂が日本の風景美の極致を火山に置いているからではないかとおもわれる。実際、同書には「理想上の日本　美なるかな国土」と題した、富士らしき火山とそこに桜と松が添えられた挿画が描かれている。海や海岸線は描かれていないのである。

そんなことをおもったのは、わたしが十数年まえ、朝鮮半島の釜山からビートルII世号という高速艇で福岡に戻ったさい、玄界灘に浮かぶ小さな島々――たぶん無人島だろう――を眺めていたときの感慨を改めて反芻《はんすう》してのことだった。そのときわたしは、玄界灘につぎつぎに現われる小島をみながら、あぁ、このように白い砂浜をもち、緑の林をもった島の風景がわたしの死後もずっとつづくなら、わたしの魂はこの風景のもとに安んじて帰ってくるだろうな、とおもったのである。それはかつて、このような島影にたどりついた民族の心象というものであったからだろうか。「海やまのあひだ」にある、狭い平地――それを海岸線といってもいいだろう――にこそ、わが民族の「ふるさと」はあったのである、と。

もともと日本人は、山の上に住むということをあまりしなかった。横浜や神戸など、異人街や外国人村などというのはたいてい山の手にある。神戸しかり、芦屋しかり、横浜しかりである。ロシア人が最初に居住した箱館でも同様である。これはイギリス冒険商人の行動様式に代表されているのだが、かれらは商売あるいは軍事目的で、誰よりも早く港に入る船を見つける（ばあいによっては攻撃する）ために、湾や海を見下ろせる場所に居を構えた。長崎のグラバー邸が湾口を見下ろす丘の上に建てられているのは、その代表例だろう。台湾の高雄でも、マレーシアのカリマンタン（ボルネオ）島のクチンでも、イギリス軍基地は湾口を見下ろせる丘の上にあるのだ。こういったイギリス人や軍の行動形態に倣《なら》って、明治以後の日本人も山の手に住むことを高級であると考えるようになった。

日本が幕末に外国に港を開いたとき、一番最初に建設されたのは税関であり、それが海に一番近いところにある。長崎だったら大浦海岸通り、横浜だったら関内である。波止場の近くに税関があり倉庫があって、その先に外国人が下船したあとの歓楽のための街が開かれる、ということになる。その周辺に日本人が住居をもつということは、津波があったり台風のときに高波があったりする危険性を考えて、あまり建設されない。日本人のばあい、ある程度陸の奥の方に入った「里」に街をつくり住居をつくるのである。

里とは、四角く区切られた田と土、という意味の文字である。そこは、田畑を切り拓いた居住地であり、山の中でも、海辺でも、ない。

ただ、その海岸周辺が、産業の場所として使われるようになると、人もだんだん海岸の近くに住居をもつようになった。と同時に、そこが津波や台風の高潮に襲われたりしないために護岸工事を施してコンクリートの防波堤を造るということになった。こういう近代化の過程で、日本の港湾にはどこにでも防波堤が造られるようになったのである。

砂浜の消失

港としてそのまま使われていくところには防波堤、その防波堤を守るため、あるいは松林のある砂浜を保護するためにという目的で、第二次大戦後の、とくに高度経済成長以後は海岸に四本足のコンクリート塊・テトラポットを埋めていくということが多くなった。しかし、日本ではこのことが逆に防潮のための松原を破壊し、とどのつまり白砂青松の風景を壊してしまうことになった。

というのは、テトラポットはたしかにコンクリートの防波堤を強い波から守る。しかし、松原が穏やかに続いているような海岸線にテトラポットが敷設されると、大きな波がやってきてそのテトラポットにぶつかると、波の衝撃じたいはたしかに弱くなる。しかしその波が引いていくときテトラポットの下の砂を運び去ってしまうのだ。結果として、テトラポットは砂浜の中に沈みこみ、大洋の深みに落ち込んでいってしまう。テトラポットが海中に沈み、砂がなくなってしまうと、砂浜は全部消滅していく。これまでは遠浅の砂浜であったものが、岸壁に近いような、海に落ち込んでいく構造になってしまう。

そのようにして砂浜が消失した代表例が、房総半島の九十九里浜である。かつては、銚子の犬《いぬ》吠埼《ぼうさき》から南へ、飯岡、一の宮、太東岬まで九十九里あったといわれている長い長い砂浜であった。その距離は実際には五〇キロくらいだが、鎌倉時代は一里が五〇〇メートルという計算だったので、だいたいその通りの距離である。銚子の近くは、宮沢賢治の「イーハトーブのイギリス海岸」というほどではないが、犬吠埼あたりでは、太平洋の波が直接ぶつかって断崖が続く構造になっている。そこを除くと、ほとんど白砂青松の風景が南へと続いていた。それが、第二次大戦後の六十年間で、八〇パーセントの砂浜が消失した。静岡の三保の松原あたりや、三重の香良洲《からす》浜あたりも、同じように、テトラポットの敷設によって砂浜が削り取られてしまった。

九十九里浜の砂浜は、わずか二十～三十年のあいだに消失してしまった、といえるだろう。なぜかというと、太平洋戦争の最後にアメリカ軍が上陸してくるのは、必ず房総半島の九十九里浜であると想定されていた。アメリカは戦艦で来ても上陸用艇で上ってくるので、深い港でなくてもいいのである。硫黄島の上陸作戦は、この上陸用艇によって行なわれた。

平坦な砂浜がつづけば大量の兵士を一度に上陸させることができる。沖のほうに戦艦を置いておき、ばあいによっては水陸を走れる上陸用艇を砂浜に乗り上げればよいだけの話で、米軍が来るとすれば九十九里浜である、といわれていた。それゆえ、東京を防衛するために、日本陸軍は九十九里浜にたくさんの兵（学徒兵）を派遣したのである。アメリカ軍の上陸を想定してのことだった。九十九里浜には、それほど長い距離にわたって砂浜がつづいていたのだが、わたしがその太東崎ちかくにすんでいた一九七〇年代末からわずか三十年後の現在、九十九里浜には砂浜がほとんどなくなってしまったのである。房総半島は、いまでは砂浜を失ったまま太平洋の波に直接洗われているわけだ。

現代の日本は海辺の代わりに学校にプールを造ることによって、子どもたちに学校や公営のプールなどで水泳をさせるようになった。海水浴に行く人もいなくはないが、それはわたしたちの生活の日常のことではなくなっている。いや、お台場や千葉の海辺でさえも、人工的に造られるようになった。典型的なのは東京港区のお台場である。そこに人工海浜を造り、毎年砂をまいて砂浜を造っているのである。海水浴や潮干狩のために人工的に砂浜を造るわけだ。

近代工業化の中ではほとんど役に立たなかった遠浅の海岸しかないという地方、たとえば高知県や茨城県などでは、今、港の再開発が進んでいる。二〇万トンクラスの船やタンカーに接岸してもらうために、海を二〇メートルの深さに掘りなおし、高知新港や、那珂新港という深い港が新しく造られている。

長さ四〇〇メートルのコンテナ船のばあいでも、海の深さは一六メートルが必要で、荷下ろしや倉庫のためのバックヤード（後背地）は奥行き八〇〇メートルの平地が必要といわれる。

これはしかし、もはや自然の海岸ではなく、人工の港湾である。しかし、こういった産業用の港湾がないと、その地方に近代的な産業を興すことができないのである。地方の県は、一時代まえまではしきりに工業誘致などを考えていたのだが、これを待っていてもだめなので、高知県などのように、地方独自で工業団地を造成し、そこに人工的に造った港湾から石油や鉄などの原材料を供給しようとするのである。そうだとすれば、現代の海岸線は近代とは異なり、また新たな造成段階に入ったともいえよう。

第八章

海へのアイデンティティ

海から遠のくエートス（心性）

海岸線の意味が、防衛そうして貿易や産業の実用のみに限定され、それらのために有効な港のみに光があたるという現状になっている。海岸線は、人間と海との接触する場所なのだが、その場所が軍事や経済のみの実利の観点でのみ意味をもつようになった、ということである。

これはある意味で、日本人の意識や感性から、しだいに海が遠ざかっている、ということでもある。海外からの原材料や製品は、海を渡ってたくさんわたしたちの生活に入ってくるようになったのだが、海辺の感覚というものがわたしたちのエートス（心性）から遠くなってしまっているのだ。日本人の精神的アイデンティティの大きな要素の一つは、「海やまのあひだ」（折口信夫）であるとか、「海国日本」（林子平）であるとか、その海辺の風景に懐かしさを感じるとか、海岸線が入り組んでいてその岩礁や岸辺や砂浜にたくさんの生物が生棲していることに豊かさを感じる、という海に関わる原感情であった。

海岸線が複雑で多様性をもっているということは、そこに多様な生物がいる、ということである。たとえば、大西洋には生物が少ない。これは、大西洋が海洋としての歴史が浅く、その海は平板で、全体として浅いことを示している。大西洋には、太平洋のような、日本海溝やカムチャツカ海溝やフィリピン海溝やマリアナ海溝やチリ海溝といった、深さ一万メートルにも及ぶ海溝が存在しないのである。

太平洋は太古からある海洋で、深い。その水がマゼラン海峡の方から流れ込み、あるいは氷河が海に流れ込むというかたちで大西洋はできた。そのため、大西洋は、海としての歴史が非常に浅い。海岸線の複雑さや生物多様性という意味において、太平洋のほうがはるかに優位にあるのである。

生物が生まれやすく棲みやすい、ということは、海岸線が入り組み、湾や岩場が多くあり、海辺が岩盤やコンクリートで固められているのではなく、山から栄養豊富な川が流れ込み、海を豊かにしている、ということである。海の中で生まれる海洋生物（海草をふくむ）に関する親しみ、海の豊かさに対する関心、そうして海それじたいに対するアイデンティティ、つまり生活的な身近さと、一転して荒れる海に対する畏れ、つまり津波や台風の大波と凪《なぎ》のおだやかな表情の落差などに対する関心などがはぐくまれていった。それは日本人の海に対するエートスにつながっていた。

しかし今では、この、民族の海との精神的つながりが切れてしまっている。もちろん、古くからの文学や歌、絵画などに痕跡としては残っているのだが、現実の精神風景として人が昔のように接する海岸線への近しい感情はなくなってしまっている。葛飾北斎の絵を見れば、富士山に青い松、漁師が大波の中で漁をしているという風景も明らかに感じ取れる。そういった構図としては、わたしたち日本人の精神の中にいまなお定着しているけれども、そんな構図は現実にはもう存在しなくなりつつあるのである。海はますます日本人から遠く離れてゆきつつある。

「開国」という経験

それはつまり、一つに、近代において海岸というものの役割が産業のため、貿易のためというふうに実用に固定されるようになってきており、同時に海それじたいが産業やそのための天然資源の場として理解されている、ということである。

より詳しくいうと、日本近海の海洋の底にさまざまなエネルギー資源が埋まっている。たとえば、石油をはじめとする天然資源が埋まっているという事実は、国連が一九六九年に実施した調査によって明らかになった。その結果、中国がそれ以後尖閣列島の領土宣言を行い、それが近年、日本と中国との領土問題や排他的経済水域において問題になっているのである。その他に、海底に天然ガスや、将来のエネルギー資源といわれるメタンハイドレードの大量埋蔵も明らかになっている。

こういったエネルギー資源の存在によって、海というものが今までの生活や文化などの民族的アイデンティティとは違う、新たな経済的側面からとらえられることになる。

近代国家はすべて国境線を定めて、自分たちのテリトリーをはっきりと主張しなければならない。近代国家の三要素というのは、主権、国土、国民である。国土は自国の領土であり、国民は国籍をもった人民と考えてよい。主権を持った独立国家であるということを世界に認めてもらう、そのためにはまず国の名前を宣言するなど独立宣言をしなくてはならない。そのさい、国家主権は誰にあり、人口はどれくらいで、どこからどこまでが国土であるかをはっきりと示さなくてはならない。そのために、近代国家は国境線を引き、これを国際社会、つまりインターナショナル（国家「間」）に認めてもらわなければならないのである。

日本のばあい、『海国兵談』にも明らかだったが、海に囲まれた日本列島の内部に住むという民族の生存形態から、海岸線が実質的に国境線に近いものとして機能してきた。しかし、幕末になってはじめて、海の中にも国家主権の及ぶ範囲である領海という国際法的概念が意識にのぼるようになってきた。

その最初のきっかけが、ペリー来航につぐ、嘉永六（一八五三）年のロシア使節のプチャーチン提督の来航である。ロシアはこのとき、アメリカと同じく「開国と通商」を求めてきたが、それと同時に日露間の国境を画定したい、と申し入れてきたのである。その結果、日露和親条約（安政元年＝一八五四年）によって、エトロフ島とウルップ島の海上に国境線を引き、また樺太を両属関係にしたのである。

それから百五十年余りたった現在、領土ではなく、陸から二〇〇カイリという距離までを領土の延長として海をとらえる、領海の考えかたが成立している。かつて海は共同のものであるから自由に航行ができる、という「海洋自由」の思想が、どこまでの海は民族国家の領海である、と国際法によって決定されるようになったのである。その後、国際法は排他的経済水域とするとどこまでなのか、という海の所有意識にまで発展している。この排他的経済水域という発想は、そこで漁業ができるとか産業の場として使える、もっといえば、海底の天然資源やエネルギー資源の所有権も主張できる、という近代の所有思想に立脚している。

こういう近代の国際法の世界に日本が参入したきっかけが、幕末の「開国」という経験であった。それはまず、海岸線に対する危機意識として生まれた。このことはすでに、水戸藩とその海岸線の防衛、そうして国体論の成立のくだりで詳しく述べたところである。

日本におけるネーション（国家・民族・国民）の意識は、日本人が海を介して他者（＝他国）を意識したところに生まれた。それまでは、国（くに）といえば、在所、すなわち生まれ故郷や郷土（パトリ）であり、それは江戸時代の日本人にとっては藩を意味した。それが、「開国」によって近代の国民国家（ネーション・ステイト）と出合う経験を通して、日本のナショナルな意識の覚醒を生みだしたのである。

ネーションの視座

ちなみに、幕末にこのネーションの視座をもった最初の思想家が、信州松代藩の佐久間象山である。信州に海はない。

ところが、アヘン戦争（一八四〇～四二年）の衝撃によって、幕府は新たに海防掛を設け、老中の松代藩主・真田幸貫《ゆきつら》にその海防掛を命じた。このとき、幸貫は朱子学者の佐久間象山に政治顧問役を命じた。そこで、象山はまずオランダ語を学び、西洋文明について研究を重ね、日本というネーションが生き残る戦略を考えるようになったのである。

象山はその十年後の嘉永六（一八五三）年六月、ペリー来航を知って浦賀に赴き、そこで弟子の長岡藩士の小林虎三郎や長州藩士の吉田松陰らに、ネーション（国家・民族・国民）の防衛について議論させている。そのあと、象山は「火輪横恣転江流《おうし》」という一篇の漢詩をつくった。なお、「火輪」とは、火力によって海を自在に動きまわる蒸気船（黒船）のことである。

火輪横恣、江流に転ず
是《こ》れ、君臣日を愒《むさぼ》るの秋《とき》に非ず
忠義、神国の武を張らんことを要す
東圻《とうき》、堵《かき》を起こすは曾《かつ》て策を陳《の》ぶ
南島、船を賒《おぎの》るはなんぞ猷《はかりごと》あらざる
兵事未だ巧《たくみ》の久しきを聞かず
何人か速《すみやか》に熱眉の憂を解かん

象山のこの七言律詩には、黒船のかたちをとった西洋列強の文明の「力」のまえに立たされた自己（＝自国）に対する憂国の情と、そのことに発するナショナルな思想とが力強く脈打っているのが窺える。

大意は、次のようだろう。――西洋の蒸気船がわが江湾《うみ》をほしいままに走りまわっている。君臣ともに、日をむさぼっているときではない。われらの忠義はいまや神国の武を張ることを求められており、またわれらの功名はいまや外夷（外国）のたくらみを打ち滅ぼすべきことにある。江戸の武備（砲台）を固めることについては、わたしはかつて策を述べたことがあり、また船を購入して南海上に乗り出すことを計画した（たとえば「海防八策」）。しかし、そういった軍事上の防衛ひいては貿易上の進出がとどこおりなくすすんでいるという話もきこえてこない。あゝ、誰がこのわたしの憂いをすみやかに解いてくれるだろうか、と。

ここには、幕末日本のネーション（国家・民族・国民）を一身に背負っている佐久間象山の自己認識がきわめて明確に表明されている。そしてそれは、西洋列強の艦船が日本の海を自在に走りまわっていることへの危機意識との対比のうえでのネーションの表明（ナショナリズム）にほかならない。

海上のパトリオティズム（祖国愛＝郷土愛）

近代日本の自己（ネーション）形成のうえで、海を意識するということは、その海の外にある西洋近代文明と日本との関係を意識することであった。もちろんこれは、開国＝革命思想の第一人者となった佐久間象山ひとりが手にした意識ではなかった。

たとえば、慶応四（一八六八）年三月から五月にかけて、山陰の日本海に浮かぶ隠岐《おき》島では、かつての農兵たち（四百八十人）を中心にした三千人の島民――隠岐島の総人口は当時一万二千人であるから成年男子のほぼ全員といっていい――によって、八十一日間におよぶ自治政府を創出していた。島民はみずから隠岐島の「天朝御料」たることを宣言して、徳川幕藩体制下の松江藩の郡代を追放したのである。

その自治政府における文事取締、つまり内閣官房を担当する長となった井上甃介《しゅうすけ》（加茂村庄屋）は、この自治政府宣言ともいうべき檄文に、次のように書いていた（三月十九日付）。

……今日より皇国の民たるべし。ここをもって能《よ》く弁別《べんべつ》いたし、かつ御当国の義は本地隔絶の孤島、緩急の節は他に依頼いたし候事も当惑の至り、土兵（土着の兵）にて暫時の喰いとめいたさず候ては、醜夷犬彘《しゅういけんてい》（犬や豚。外国のいやしいもの）の為に国を掠奪《りゃくだつ》せられ、眼前父母妻子をとられ、祖先の位牌《いはい》所も放火せられ、田畑をも蹂躙《じゅうりん》せらるるに至りては、是《これ》より大なる、神州の御永辱《ごえいじょく》はこれなし。（傍点、振りガナ、カッコ内引用者）

これは、隠岐島民の自治政府、つまりコミューンが幕藩体制を否定して、みずから「皇国（日本というネーション）の民」である、と宣言したものである。より正確にいえば、じぶんたちは祖国――父母妻子、あるいは祖先の位牌所、あるいはまた田畑などの総体としてのパトリ（郷土）――を守るために、全員が「土兵（土着の兵）」になる、というのだ。パトリオティズム（祖国愛＝郷土愛）の表明といっていい。

そして、このパトリオティズム（祖国愛＝郷土愛）は、隠岐島が「本地（本土）隔絶の孤島」、つまり本土から遠く隔たった海の上にあり、外国勢力とも直接に向きあうという想像力において醸成されたものであった。隠岐島民は海上にある意識において、それじたい、西洋列強と対峙《たいじ》する一個の近代的ネーションといえた。

だが、そういった近代的ネーション（国家・民族・国民）の意識は、その百四十年後の現代にあっては、どこの国でもその最大限にまでふくれあがり、海を私に所有、つまり独り占めし、その権益を海岸線より大陸棚にまで拡大・拡張する動きを生むようになっている。

たとえば、国連——ユナイテッド・ネーションズつまり正確に訳せば国家連合——は二〇〇九年までに大陸棚法をつくろうとしている。これによれば、海底のどこまでが自分の領土の延長としての大陸棚である、ということが主張できるようになり、その権益の範囲内での石油やメタンハイドレードなど海底の天然資源の採掘権を持つことができるようになる、というのである。

それゆえ中国などは、沖縄諸島の海域までが自国の大陸棚だと主張しており、そうすると、そこまでが中国の領海として資源の採掘が認められてしまう。これは日本にとって重大な問題であるという以上に、ナショナリズムを全面肯定した近代的領土法の肥大した発想として忌々しき問題である、といえるだろう。大陸棚法の制定は、近代的所有権そのものを考え直すべき事態を物語っているのかもしれない。

ともかく、陸地の所有権つまり国土の延長上に海にも国境線を引くという発想が、今まさに大陸棚法までを生んでいこうとしているわけだ。そうすると、海岸線そのものも意味をもたなくなってくるだろう。これは、海底をも自国資源の場として捉える発想だからである。大陸棚も国家の権益の及ぶ範囲、あるいは近代ナショナリズムにもとづく国土の延長上という考えかたであって、いってみれば国家が海を奪い合うことが現在行なわれているわけだ。

終章

海岸線を取り戻す——ナショナル・アイデンティティの再構築を求めて

海岸線が奪われている

日本人の意識が海から遠のいている。そして、日本人の意識が海岸線に向かなくなっているあいだに、二重の意味で、海岸線が日本から奪われていた。

その一つの象徴が、二〇〇八年九月二十五日の米原子力空母「ジョージ・ワシントン」の横須賀入港であったろうか。ジョージ・ワシントンとは、改めて説明するまでもなく、アメリカ初代大統領の名で、その名が一九九二年に就役した世界最大級の原子力空母に命名されたのだった。満載排水量は九万七〇〇〇トンで、全長三三〇メートル。艦には約五千六百人が乗り組むことができ、戦闘攻撃機七五機を搭載することができる。

この原子力空母は、小規模の原発に相当する加圧水型原子炉二基をそなえており、最高速度は時速三〇ノット（約五五キロメートル）を超える。油を燃料とする通常の空母がほぼ一航海ごとに燃料を補給しなければならないのに対し、原子力空母は二十年から二十五年に一回燃料棒を交換すればいいので、持続的、戦略的な展開力に優れているわけだ。

この一〇万トン級の原子力空母が、横須賀を母港とするアメリカ海軍第七艦隊に配備され、二〇〇八年九月二十五日午前に入港したわけである。すでにふれたように、横須賀は徳川幕府がフランスの軍港ツーロンを手本にして建設した軍港で、その水深は平均一二～一三メートルに達している。この水深は、二〇万トン級の深い喫水《きっすい》線をもった巨大船艦にも対応可能なのである。

なお、原子力空母が日本に配備されるのは初めてのことで、当初は八月配備の予定だったが、五月下旬に太平洋上の南米沖で火災を発生して三十七人が負傷し、その修理や搬送のため、横須賀への配備が遅れたわけである。このジョージ・ワシントンの配備は、老朽化にともなって退役する空母キティホークの後継艦としてである。横須賀を母港とする空母は、一九七三年のミッドウェー、一九九一年のインディペンス、一九九八年のキティホーク以来、四艦目であるが、原子力空母としては初の配備となる。

ちなみに、米海軍が保有している原子力空母は現在十隻である。それに、米本土以外を母港とする原子力空母は、このジョージ・ワシントン一隻だけである。そのことは、翻っていえば、横須賀港がアメリカ海軍にとってアメリカの海岸線の延長上に位置する意味をもつようになった、ということだろう。

もちろん、横須賀は日本の海上自衛隊の軍港でもあるが、日本は原子力空母はもちろん、第二次大戦の敗戦以降、専守防衛に転じてからは空母も保有していない。それゆえ、横須賀港は空母の配備という観点から見れば、日本の海岸線にある軍港とはいえなくなったのである。

これ以前にも、一九六八年、米原子力空母「エンタープライズ」の佐世保入港を嚆矢《こうし》として、原子力空母の日本への寄港はたびたび行なわれていた。これは、日米安全保障条約上の規定にもとづく措置とはいえ、日本が一九六〇年代半ばから——わたしの「一九六四年社会転換説」に従えば、東京オリンピックの行われた一九六四年から——始まった高度経済成長によって、安全保障上はよりアメリカ依存が強まった、ということだろう。

そして、この安全保障上のアメリカ依存が強まることと裏腹に、日本は「じぶんの国はじぶんで守る」という気概を喪失していった。それが、日本の海岸線をたんに経済的実用の場所と考え、精神上のアイデンティティとしてはもちろん、軍事・安全保障上の観点からこれを顧みるという意識を、日本人から奪っていった。このことによって、一九七〇年前後から今日まで、日本の海岸線は北朝鮮が自由に侵すことができる砂浜になっていったのではないか。海岸線は、いわば北朝鮮によっても奪われていたのである。

一九七七年十一月二十五日、当時中学一年生の横田めぐみさんはバドミントンのクラブ活動を終えての帰宅途中、北朝鮮工作員の手で拉致された。そして、日本海に面した新潟の海岸から、北朝鮮の高速艇の工作船に乗せられたのだった。

同じころ、佐渡ヶ島の曽我ひとみさんは、かの女の母親とともに佐渡の真野湾の海岸から、北朝鮮へと拉致されていった。また、蓮池薫さんたちも柏崎の日本海沿岸から、北朝鮮へと拉致されていった。

それらのことを考えると、日本海側の海岸をはじめとする日本の海岸線は、北朝鮮によって奪われていた、といえるのかもしれない。これは、日本人の意識のなかから、海岸線に対する親和感や、その海岸線を懐かしく美しいと感じるエートス（心性）が失われていった結果ともいえるのだろう。

曾我ひとみさんは母親とともに、佐渡ヶ島の西岸の真野湾から袋詰めにされ、北朝鮮へと拉致されていった。真野湾は古来「恋ヶ浦」とよばれ、穏やかな海面と美しい砂浜をもっていた。しかし、曾我さんにとっては、あの拉致以来、忌まわしい思い出の場所となってしまったのだろう。二十四年ぶりに日本に帰ってきた曾我さんは、故郷の佐渡ヶ島で次のようなメッセージ（詩）を読み上げた。

みなさん、こんにちは
二四年ぶりに古里に帰ってきました。
とってもうれしいです。（中略）
人々の心、山、川、谷、
みんな温かく美しく見えます。
空も土地も木も私にささやく。
「お帰りなさい、がんばってきたね。」（後略）

このメッセージには、拉致されていた曾我さんを温かく迎えてくれた、人びと、山、川、谷、そうして「空も土地も木」もあげられている。しかし、それらの自然、あるいは自然的存在のパトリ（郷土）のなかに、海や海辺（砂浜）はあげられていない。そこに、かの女の痛ましい思いがひそんでいるようにもおもわれる。それは、日本の海岸線が奪われていることの悲しい象徴であったろうか。

海を取り戻す、という発想

改めていうが、日本人の意識が海岸線から遠のいている。海を思い浮かべるとき、それはどこまでが日本の領海であるのかという、非常に限定的、つまり国際法的な問題意識に固定されてしまっている。そうすると、日本人のなかに伝統的に存在した「海のなかにある日本」という原感情は意味をもたなくなる、という非常に大きな文化史的な転形期に、わたしたちは現在立たされている。

海のなかにも資源がある。それは何も石油やメタンハイドレードといったものだけを指すのではない。海洋深層水しかり、海水に含まれる金も同様である。陸上資源が枯渇してしまえば、海水からも金はとれるのである。もちろん、コストの問題は残るのであるが……。こうなるとしかし、海をたんに自然という概念では捉えられなくなってしまうだろう。そのときには、海中および海底は、資源が埋まっているテリトリー（領土）という感じにもっと近くなるのではないだろうか。

かくして、日本だけでなく世界全体が領土ナショナリズムのみならず、資源ナショナリズムで動いていく発想が主になっていくだろう。日本は海のなかにある国だとか、日本の海はたくさんの生物を生み棲まわせるとか、海を越えれば隣の国であるといった感覚がどんどん希薄になっていくのではないだろうか。

はたしてそれでいいのか、と考えると、近代の国際法にもとづく領海概念や、近年浮上してきた大陸棚法案とは、もう少し異なる発想を海洋に対して持たなければならないのではないかとおもわれる。海にあるものは工業や産業の資源であるという発想は、海洋は貿易のみならず工業や産業、とどのつまり近代文明に有用であるという発想によるものだ。

だが、これまでの近代の工業や産業、つまり近代文明の文脈のなかでのみ海洋を解釈すると、新しい資源（メタンハイドレードなど）が発見されると、海洋の意味が広がったように見えるのであるが、思考のパラダイム（枠組み）とすると、やはり資源ナショナリズムという、より観点の狭い見方になってしまうのである。今日わたしたちが海を取り戻すという発想は、わたしたち人類は海から生まれているということを念頭に置きつつ、文明というのは工業化や産業化がすべてなのか、とその文明の意味を問いなおし、自然のなかに人間の身体も社会も一度還元するという文化的発想に戻らなければいけない。それは、わたしたち日本の古い文化を考え直すことでもあるし、また現在海辺に住み、ばあいによってはそこで祈った古き時代の人びとの考えかたが近代文明を超えるパラダイム（枠組み）を考えるさい、改めて大きな意味をもつ、ということであろう。

つまり、海岸線にどのような変化が起きてきたか、という歴史的視点を手に入れると、近代文明が人間の生きかたと社会のありかたにもたらした変化の意味が非常によく見えてくるのではないか。そうして、日本のみならず近代の人間と社会が海岸線を失ったことの意味を、わたしたちは改めて見究めることができるのではないだろうか。

もちろん、海洋に接している国は、わが国以外にも世界にたくさんあるだろう、という反論も出てくるにちがいない。しかし、中国と比較してみれば、中国の海岸線は日本の半分であるから、日本のように国土面積の比較的小さな国であるにもかかわらず入り組んだ複雑な海岸線を持っている国にあっては、海岸線それじたいが防衛や貿易のみならず、民族の文化のなかにおける特別な意味においても、そうして生物の多様性を生み出す海というわが民族に固有なイメージを考えても、日本は世界でも稀有な存在なのではないだろうか。

そのような日本こそが海岸線のもつ文化的、文明史的な意味を考えて、声をあげていかなければいけないのではないか。そういう海岸線を持たない国には、その「海岸線の歴史」を改めて考えるといった発想じたいが思い浮かばないのにちがいない。つまり、海岸線を民族の歴史観のみならず、世界の新しい文明観において生かす。いわば、海岸線を防衛や貿易や産業だけに限って考えてはいけない、という発想の転換である。

一年あまり前に訪れたトルコでは、多くの港湾に古代遺跡があり、その近くにいまもなお人が住んでいた。これに対して、日本海の鳥取県南部の赤碕《あかさき》海岸には、海に面した場所に花見潟墓地があった。そこには、二万基に及ぶ墓石が鎌倉時代から千年ちかくにわたって建てられていた。

太平洋岸の高知県桂浜《かつらはま》近くの集団墓地についても同じように、海岸から間近の砂浜に墓地がつくられている。これは、海岸に民族がたどり着いた故郷があり、そこに死後の魂は帰ってゆくという思想が潜んでいるのではないか、という気がする。

一つ一つの入江や海岸が歴史をもっている。ここで戦争があった、だれそれの祖先がこの海岸から上陸してきたなど、そういった物語は日本では枚挙にいとまがない。

日本に固有の海岸線があるということは、その複雑な海岸線の浦々や港湾それぞれが固有の歴史を背負っている、ということである。そういった物語を内にもっている人々の生き方が、いま再認識されなければならないだろう。

近代にあっては、海岸線が防衛の拠点になり、貿易用の港湾になり、あるいは現代の産業の場所になった。そうして、ところによっては、原子力発電所がその海岸を占有することになった。

原子力発電所のばあいは、放射能の漏出を恐れて、その周辺に人を住まわせていない。その結果、原発用地の海浜には観光用の道路を造ったり観光客が来たりもしないので、原発用地周辺には昔どおりの自然が残される、という逆説も生まれるわけだ。

たとえば台湾の南岸、バシー海峡に近いところに台湾最大の原子力発電所があるのだが、周辺に人を住まわせないため、そこに原生林を含む広大な自然公園が残されている。人が住んでいないので、海岸線は開発されない。ある種の手つかずの土地であるともいえる。翻っていえば、その台湾南岸の海岸線がいまも美しいということと逆に、それが地元の人びとにたくさんの精神的恵みを与えて、その土地の文化を豊かにしているという事実がなくなっているのだ。原発用地の周辺に美しい海岸線はあるけれども、その場所に人間の物語や文化が生まれなくなっている。世界の海岸線は、現在、そういった意味では非常に不幸な、ある意味では悲劇的な状況になっているのではないか。

「漂流する日本国家」

現在の政治の課題として、「漂流する日本国家」を懸念して、海洋法をつくり総合的海洋政策を策定しよう、という動きがある。このばあい、海洋法とは、基本的に国土（領海）を守るということを前提にしている。つまり、軍事のため、あるいは経済的・産業的な資源としての海洋を守っていく、という目的である。

これは、日本の海洋に関わる所轄官庁が国土交通省、経済産業省、防衛省、海上保安庁などさまざまに分かれてしまっている現状がまずいので、大きな組織として海洋局のようなものをつくり、これによってタテ割りではない総合的な行政にしていこう、という発想である。

これはある意味では当然の流れであるが、ただ、そこには軍事や経済の観点しか見えないことが問題である。たとえば、中国の海洋局というのは、まさにその国土・防衛および資源獲得の目的のためだけにつくられたのである。中国の海洋局は軍事的な防衛、そして海洋資源の争奪戦のために存在するのである。韓国のばあいも、同様である。

これは、いってみれば、海洋を支配したものがその海底資源をも支配し、自国の経済発展を維持できるという、近代の成長神話に立脚したナショナリスティックな戦略思想であり、そのために海洋調査部という機構も作られている。しかし、その目的のなかには、地球の生物の多様性を守るとか、東アジアの海洋をめぐる共同の環境や文化を守るといったことは、まったく考えられていない。

そこで、この中国や韓国の国家戦略、とくに防衛や経済戦略に対抗するために、日本も海洋局をつくらなくてはいけない、というのである。なるほど、戦略的観点からすれば、この海洋局や海洋法の構想はわからないでもないが、それ以前に、海洋とは何なのか、そして日本の国土に直接接している海岸線は日本人にとってどういう意味をもつのか、ということを、まず問い直すべきであるという気がする。そうしないと、海岸線は防衛や経済のためにすべて鉄の網やコンクリートで囲ってしまえ、とでもいった考えかたが出てこないとも限らない。

たとえていえば、今アメリカのなかに出てきている現実の問題だが、少数の限られた有産階級（支配階級）の人々が、自分たちの家族の生命や生活や財産、そして地位に応じた特権を守るために「ゲイテッド・コミュニティ」というものをつくっている。これはすなわち、その居住空間をコンクリート製の防護壁で囲い、生活に必要なマーケット、学校、病院、銀行、老人ホーム、警備員などをその中にすべて入れてしまう。そして、その人工的な町のゲートを閉じることで安全性を守っている。そんな五百人規模のコミュニティが、アメリカ全土に二万ほどもあるというのだ。

こういったゲートを閉ざした生きかたは少数の、とはいっても総数一千万人あまりの有産階級の自己保身のためのものなのである。それは、アメリカ全体から見れば、というより人間の社会のありかたとして、非常に不自然な閉鎖的な社会である。自然の状態なら街のなかに台風やハリケーンが来るように、蛇が来るかもしれないし鳥が迷い込むかもしれない。そういった自然から子どもたちを隔離することにもなっているのである。

北朝鮮や中国は、そのアメリカのゲイテッド・コミュニティの不自然さと同じように、国家全体をゲイテッドして（ゲートで囲い込んで）いる。いや、日本だってたんに国民の意識が海から遠ざかってしまっているだけではないのである。国家が海と国民を隔てるゲートを構築している、ともいえるのだ。海岸線のところに鉄条網をはったり、壁を建てるようなことをやっているのだ。そういう不自然なかたちで人間は、社会は、国家は、正常な形態を保つことができるのだろうか、という省察がいまや不可欠である。

それに、海岸線だけでなく、その先の海上にもいわばゲートをつくろうという話が大陸棚法なのである。現在、領海という概念で、少なくとも地図の上にはゲートをつくっているわけで、それが領海であるとか経済水域であるとか、その先にここまでがじぶんたちの大陸棚であるといっているのである。これはイスラエルとパレスチナの間にゲートをつくっているのと同じ発想である。あるいは、アメリカが不法移民をなくすためにメキシコとの間に六〇〇キロにわたって鉄条網をはりめぐらせているのと同じ発想である。こういったテリトリーの構造が、海岸線にもつくられている、ともいえるのだ。そこには美的な風景も、祈りの場所もない。我々の感性を豊かにしてくれる海もなければ、実際の生物の多様性を感受できる場もない。そういったかたちで人間を自然から遠ざける障壁に、現在の海岸線はなりかかっているのではないだろうか。

実際に、房総半島の九十九里浜などは、わたしたちが波打ち際を歩いて海に入っていけるような砂浜の海岸線ではなくなっている。佐渡ヶ島の両津湾にしても、沼津港にしても、福岡港にしても、そうである。

それに、地方の貿易港でも、岸壁をコンクリートで囲って、海にストンと落ちているという状態がほとんどで、これでわたしたち日本人は果たして海に接している民族である、といえるのかどうか。やはり、今日わたしたちは海と隔てられている、といわざるをえないのではないか。そういう現実の問題があるようにおもわれる。

『われは海の子』が成立しなくなって

わたしは一九八九年のベルリンの壁が崩れた冷戦構造解体以後の現代、すなわち日本にとっての「第三の開国」の時代を、戦前のテリトリー（領土）ゲーム、戦後のウェルス（富）ゲームにつづくアイデンティティ・ゲームの時代、と呼んでいる。

つまり、これまでは、前述の葛飾北斎に代表される浮世絵や、日本の小学唱歌の中の『われは海の子』や「松原遠く消ゆるところ」の『海』などが、まさに日本人のナショナル・アイデンティティを形づくってきたのである。そういう民族の記憶としては辛うじて伝わっているのだが、現実に見られる風景としては、「白波の騒ぐ磯辺の松原に／煙たなびくとまや（苫屋）こそ／我がなつかしき住家《すみか》なれ」（『われは海の子』）の苫屋など、もうほとんどどこにも存在しない。そうだとすれば、わたしたちの記憶の中に伝わってきている海についての文化的な遺伝子ミーム（meme）と、現実にわたしたちが見、住んでいる海の風景との乖離《かいり》が、あまりにも大きくなっているのだ。それゆえに、文部省（旧）などは、この『われは海の子』を文部省唱歌から削除していったのだろう。

浦島太郎のお伽噺《とぎばなし》のように、海辺で子どもたちが海亀を捕まえ、亀を引っくり返して波打ち際で遊んでいた、という昔話は、たしかに残っている。しかし、現在では、わたしたちは海亀という生き物をテレビでしか見かけなくなっている。わたしなどは幸いに、小笠原の父島で産卵のため上陸した海亀を実際に見たことがあるが、テレビゲームでしか見たことがないという子どももいるらしい。浦島の昔話がいいというわけではなくて、この民族の記憶になっている文化がまさに化石と化しつつあるのは、その物語を生んでくれた波打ち際がなくなり、海岸線がほとんどコンクリートの壁に囲まれている、という現実によっているのだろう。

すでに波打ち際や海を題材にした小学唱歌はつくられなくなっている。海岸を美しく描いた名画も、いまでは女性のヌードなどを美しく描く近代絵画の背景にしか思い浮かべることができなくなっている。

海辺を描いた場面が印象的な小説を、今日わたしたちは持っているだろうか。安岡章太郎に『海辺の光景』という小説がある。主人公は、母親が老耄《ろうもう》性痴呆《ちほう》症で臥《ふせ》っている病院の窓から海辺を見ている、という設定の、陰鬱な、しかし見事な小説だ。

母親はすでに瀕死の状態で、重症の精神病棟に入れられている。主人公はその母の死までの九日間を病床につきそいながら、母の狂気のはじまりから病床に横たわっている現在までをおもっている。その主人公の暗鬱な心象風景を写すように、高知湾の海辺の光景が描かれているのだ。

翌朝、信太郎は海から上ってくる太陽の光で目をさました。病棟玄関の真上にあるその部屋は、海に向って大きく窓をひらいている。高知湾の入江の一隅に小さな岬と島にかこまれた、湖水よりもしずかな海は、窓の直ぐ下の石垣を、黒ずんで重そうな水でひたひたと濡《ぬ》らしていた。空は一面に赤く、岬や島を鬱蒼《うつそう》と覆《おお》いつくした樹木は、緑の濃さをとおりこして黒ぐろと見える。

ここには、日本列島の北部の海岸線の荒磯とも、東海の白砂青松《はくしやせいしよう》の穏やかな入江とも、また九州の明るい陽光に輝く水際とも異なり、樹木によって鬱蒼と覆いつくされる紀伊半島や南国土佐の海辺に特有の風景が描かれている。それは、主人公の暗鬱なる心象の写し絵になっている。

こういう、自然の情景描写に主人公の心象風景を重ねる手法は、伝統的な和歌や俳句などの短詩型文学をとおして培われた日本人の得意とするところのものだが、近年の小説からはそれが急速に失われていっているような気がする。

あるいはまた、一色次郎の『青幻記』という小説は、奄美大島での亡母との思い出を題材にしている。結核にかかっている母親が子どもを連れて海岸の干瀬《びし》を歩く。干瀬は、満潮になって波が来れば、海中に沈むが、潮が引くと岩盤の瀬が現れ、カニや貝をとって磯遊びをする場所となる。そこは、母の生前に幼い子どもが病母と唯一愛情を交換できた思い出の場所である。

しかし、奄美大島で実際に干瀬がなくなったり、母子が海岸でそういう磯遊びをしなくなってしまうと、一色次郎の小説はリアリティを喪失することになる。すくなくとも、このような海岸をめぐる小説は今後永遠に生まれてこなくなるだろう。

現代文学はいまファンタジーや日常生活の描写や身辺雑記のような作品が主流になってしまい、ワープものや精霊が活躍する小説などが跋扈《ばっこ》している。そうすると、三島由紀夫の『潮騒』といった作品のように、海辺で少年と少女が出会い、濡れた体を乾かす苫屋で逢引をする、そういった小説は一見古びた作品にも感じられてくるだろう。

つまり、現実にそういう海辺や苫屋がなくなっているのだから、『われは海の子』も小学唱歌からはずすという非文化的な発想が、文部省の役人から出てくるのである。たしかに、唱歌にうたわれたような海辺の光景や白砂青松の海岸線、産屋《うぶや》の建てられたような渚は今日ほとんど姿を消している。そして、そのように消されていく現実とともに、そのなかで作られた人間の心の豊かさや文化がつぎつぎ失われてゆくとき、過去に描かれた絵や、化石となった物語のみを持っている民族に、将来的な精神のアイデンティティの可能性は果たしてあるのだろうか。

文化は変容しつつ、滅びない

ナショナル・アイデンティティ（日本とは何か）とは、軍事的な強さや経済的な豊かさで形成されるのではなく、わたしたちはこういう風土と歴史と文化のなかで生まれ死んでゆく、という自己意識において形成されるものである。二十世紀末からのグローバリゼーションという「世界を一つにする」動き、つまりナショナリズム近代の終焉の動きのなかで、このナショナル・アイデンティティが失われつつある。そこで、世界の国々はいま、必死にそれを再構築しようとしているのである。

それが、各民族の文化的な固有性の再認識や、国家的な歴史の書き直しという動きになっている。たとえば、EUに入ったフランス人でもスペイン人でもないバスク人は固有言語のバスク語を大事にしようとし、アイルランド民族のゲール語への回帰もそういうかたちで民族のアイデンティティを取り戻さないと、このグローバル化した世界のなかでネーションの枠を超えて生き残り続けることはできない、という危機感のもたらした結果である。国家をもたないバスク地方や、英語圏の一角であるアイルランドは言語でそれをなそうとしているわけだ。

日本のばあいには、戦前は天皇の下に軍事力で「五大国の一」たる帝国であることに誇りを持ち、戦後は経済的ナショナリズムでアイデンティティを形づくってきたのだが、ナショナリズムを超えるグローバル化の現代にあってはもはや、ナショナリスティックな軍事力や経済力ではアイデンティティを形成できないのである。

もっといえば、グローバリズムによる世界各地の文化破壊に対する抵抗は、ナショナリズムではなくパトリオティズム（祖国愛＝郷土愛）によって成されようとしている。このパトリオティズムを一言で説明するなら、「天国はいらない、ふるさとがほしい」（エセーニン）であろうか。曾我ひとみさんの詩にあった「ふるさと」への愛といってもいい。

軍事的な強さや経済的な繁栄というのは、すぐ次の瞬間に他の国に取って代わられるものであり、実際、経済発展を象徴する国家は、いまや日本ではなく、中国やインドやブラジルである。いずれにしても、軍事力や経済力という、数字でもって表されるものはすべて急速に変化してゆく性質を持っている。そういう変化に対応しつつ、滅びないものが、時代によって変容しつつも滅びない文化であり、それが、現代のアイデンティティ形成の核となるべきなのである。

しかし、日本の風土と歴史はこのようであったという伝統的アイデンティティが、いまや急速に失われつつある。こういった状態でいいのだろうか、もう一度、日本はその風土と歴史にもとづいたアイデンティティを作り直し、残すべき自然は残していかなければならない。ばあいによっては、東京の日本橋から高速道路を取り外し、東京に水辺を取り戻さなければならない、といった小泉元首相のアイデアがあるが、こういう試みをしてもよいのである。

実際にドイツやオランダやイギリスでは、近代以降につくられたコンクリートの護岸をもつ河川や、いちじ暗渠《あんきょ》にしてしまった都市の中の水路や、川筋を直線にしてしまった川を、洪水などの危険性のある場所を除いてかつての流れに戻し、スミレが咲きスカンポが生えるといった自然形態の景観に戻す、という国土政策をとるように変えているのだ。

ヨーロッパの国々では、その自然形態の景観によって自分たちの住む国の風土の美しさが保たれてきたとの認識のもと、いまそれを取り戻すために、一方で近代化をすすめつつも、他方で風土自体はやや伝統的な形態に戻そうとしているのである。つまり、自動車が走るアウトバーンももちろんつくってはいるが、伝統的な美を形づくってきた風景で残しておいたほうがいいところ、たとえば牧場で羊を飼っているところなどは必要な風景として、川の流れなども昔あったように戻そう、というのである。

これは意外にお金のかかることであるが、そういった公共事業なら悪いことではないのである。風景の保全や還元に使われてこそ、ナショナル・トラスト（つまり国家的自然美）を保護し、国民的一体感のための自然や文化といったものを豊かにするための公共事業であるなら歓迎されるべきことである、と。

このように近代の文明観の変換をふまえて発想していかないと、今後はグローバル化した世界のなかで、シンガポールや東京や上海などをもつ国は、「あのぴかぴか光ったネオンサインの場所は巨大なショッピングモールみたいだね」といわれることになるだろう。そうではなくて、日本というのは昔から美しい自然や風景や文化を作り、それを必死に守って生きている民族なのだ、という評価を得たい、それがいま世界にあってナショナル・アイデンティティを再構築した日本なのだ、とよばれたいとおもうのである。

どんなに近代化を進めても、現代化をしても、便利な文明を追い求めていても、国民の誇り、そして心の豊かさはその風土にあると考え、ナショナル・トラストを捨てない、いや大切にする、そういった民族の自己認識を、世界各国はいま持ち始めている。世界遺産という概念なども、それに近いものといっていい。こういう考え方によって、いまや世界の国々のナショナル・アイデンティティが再構築されようとしているのである。

世界がグローバル化すればするほど、その「一つとなった世界」のなかで、自分の国や民族の固有性とは何なのか、民族が美しいと考えてきた生き方は何なのか。日本ではそれが、海岸線の美しさとしてどのように保たれ、いまいかに壊れかかっているのかという危機意識をいだき、民族のアイデンティティの一つの原点として、もういちど海岸線を捉え直すことが、不可欠であろう。

近代的な文明を維持するためには、二〇万トンのタンカーが着岸できる港をつくることも必要だが、それ以上に、人力や金力を使って、民族の共同の記憶としての海岸線を取り戻さなくてはいけない。その海岸線の風景はまだ地方のところどころに、そうしてわたしたちの文化や文学、あるいは歌や絵画、そして記憶のなかに残っている。それが一人ひとりのなかに辛うじて残っているかぎりは、まだ民族の共同の記憶として取り戻せるのである。

これは、退行的な考えかたではない。世界のなかでの日本のあるべき姿というのは、近代の体験を経て、こういった美しさを主張することではないか、というグローバル化した世界のなかでの日本の捉え直し、そうして近代化し無機質化するグローバルな近代の文明に対する日本の文化的なメッセージに関わってゆくのである。

小説から海が消えた?

安岡章太郎の『海辺の光景』という作品は、いまでも日本の小説の名作として残っている。しかし、これは一九五〇年代末の作品で、その後、海岸線がきわめて印象的に出てくる小説や、海辺を美しい場面として使っている小説というのは、わたしの記憶では、ほとんどなくなってしまったような気がする。

海が題名に含まれている作品、ということでは、中上健次の『枯木灘』という小説があるが、これはまさに灘であり、港を作ることができず、船も立ち寄れない、それゆえに閉ざされた海辺の土地が舞台である。そういう意味でいうと、海から拒まれているというか、人間が入っていけない場所としての海岸線なのである。そのことに象徴されるように、海に接していながら、土地の人間関係も閉鎖的で、濃密である。そういう閉ざすための海岸線なので、具体的に海辺の情景は印象的なかたちでは出てこない。

もちろん、自然主義といってもいい中上健次の小説のなかには、自然と人間の関わりが色濃く出ているが、それは海との関わりというより山、もしくは山あいの谷との関わりという面が強く出てくる。主人公は山で肉体的労働、つまり道路工事をしたり建築に携わったり、そういった場面が多い。その場面に草が光り、女性との性愛が営まれるという濃厚な描写が出てくる。

しかし、海辺の場所でそういう場面を探すとなると、一九五〇年代の『海辺の光景』や『潮騒』あたりまでであり、それ以後つまり一九六〇年代のころ、日本社会が工業化・都市化の高度経済成長を遂げ、そうして海外と積極的に貿易をするようになってから、海辺を舞台にした小説や詩は激減したような気がする。

海外との輸出入ということを考えると、そのばあいにはやはり海岸線の意味が経済や産業に限定され、極端にいうと人間の精神生活や文化（文学）に及ぼす意味がきわめて低下するのである。海外の国々と貿易をし、これによって日本は経済発展し、高度成長をしたので、その過程で印象的な渚や海辺の風景が描かれる小説というのは、すぐには思い出せないくらい少なくなってしまったのではないか。

『桜島』と『幻化』

高度成長期の真っ只中、一九六五年に発表された梅崎春生の『幻化《げんか》』という小説、これは名作であり、わたしが非常に大きな影響を受けた作品でもある。そこに描かれる風景は、極論すれば、戦争中をその海岸近くの山上で通信兵として過ごした、梅崎の戦中の記憶の中にある海辺といっていいだろう。

鹿児島の西端、東シナ海に面した小さな入江である坊津は、江戸時代は鹿児島の錦江湾を表港とすると、その裏の港となっていた。薩摩藩はこの坊津で、中国の漢方薬や焼物、阿片の密輸などを行っていた。ちなみに、阿片は当時、医薬品である。

坊津はこの密貿易を行なうため、幕府にそれが洩れないように、海から以外は人間が近づけないような構造になっていた。南の枕崎の方から坊津への下り道に通ずる耳取《みみとれ》峠を上っていく。この耳取峠は、かつて薩摩藩に内緒で私貿易をやっていたものへの罰として耳を取った、という刑場である。その峠を越え、そこから急斜面の坂道を下ったところにある、狭い入江が坊津である。人間が歩いて下っていく細道も、石畳の谷底のような斜面にあり、山の上を通る自動車道からは全然見えない。

梅崎春生は戦争中、その山の上にある海軍の暗号班に通信兵として赴任していた。その戦中の軍隊体験や、戦争の終わりころ桜島で米軍機に襲われた体験を書いた作品が、戦後すぐに書かれた『桜島』という小説である。それから二十年たって書かれた作品が、『幻化』にほかならない。『幻化』に出てくる坊津の町の情景描写は、主人公が枕崎の方向から峠道を下ったあと、次のように出てくる。

やがて家がぽつぽつと見え始めたと思うと、その屋根のかなたに海の色があった。さきほどの広闊《こうかつ》とした海でなく、湾であり入江である。その入江を抱く左手の山から、鴉《からす》の声が聞えて来る。それも一羽ではなく、数十数百羽の鴉が、空に飛び交《か》いながら鳴いていた。

——冥府《めいふ》。

町に足を踏み入れながら、ふとそんな言葉が浮んで来た。湾に沿った一筋町である。家々の屋根は総じて低い。昔は島津藩の密貿易の港であったので、展望のきく建物は禁じられていた。その風習が今でも残っている。

坊津の湾や家々は、梅崎春生がそう書いた半世紀後のいまでも、ほぼ同じ風景とたたずまいを残している。近代の貿易や産業には役立たない小さな鞆の形をした入江であるために、細々と漁業を営んでいるにすぎない。

その町に残されている『幻化』の舞台となった家は、かつて密貿易をしていたので、いつ役人が襲ってきても大丈夫で、人の姿が見えないように密談する部屋がある。また、抜け荷を隠しておくような部屋もある。そこには、どう見ても二階があるとはおもえない、階段も見えないように工夫がほどこしてある。つまり、木のタンスの引き出しを段違いにあけるとそれが階段になり、それを上ったところに天井の低い中二階の部屋がある、といった構造になっている。その部屋は江戸時代は密貿易の相談の集会所に使われ、また戦争中は隠れ娼家として使われていたともいう。『桜島』では、坊津の暗号兵の主人公が桜島に転勤を命ぜられる。かれは鹿児島に向かう途中、その坊津の隠れ娼家と同じような構造の娼家に寄るわけだが、そこには一人しか妓《おんな》がいないため、同じく坊津から来た挺身《ていしん》監視隊長の中尉と、クジ引きをする。主人公がクジに当たるのだが、その妓は右耳のない女性であり、そういう妓しか置けない、廃れた娼家なのである。主人公は、かの女に、片耳がないというのは寝るときに便利でいいね、と言うのだが、これは自分が明日になれば桜島の最前線に行って死地に赴くために、精神が荒廃したというか、デスペレートな心理にあるので、自分よりも弱みを持っている者に対していじわるをする心理構造になっている。それで、わざわざ相手の弱みを衝《つ》く嫌味な言い方をするのだ。

すると、妓のほうも死地に赴く主人公をいじめかえす。「ねぇ、死ぬのね。どうやって死ぬのよう。教えてよ。どんな死に方をするの」と、前線に向かう暗号兵が一番顔をそむけている現実をわざわざ突き付けるのである。

これは、戦時下の追いつめられた精神状況のもとに置かれた兵士の物語である。それを鹿児島という表の世界からは見棄てられた小さな入江で、人が住んでいるとも港があるとも見えない、坊津のいわば「冥府《めいふ》」を精神状況の象徴として書いているわけだ。

その坊津の「冥府」のイメージに、戦争中の死地である桜島を重ねる。これが、梅崎春生の精神的原景なのである。その原景を、なぜ自分は忘れてしまい、戦後二十年を生き続けることになったのか、という悔恨の思いのために、つまりみずからのアイデンティティを見失なった元兵士の物語として書かれたのが、『幻化』という小説なのである。

梅崎はそのために、主人公に戦後二十年間の生の記憶を失わさせ、病院から脱出したばかり、という設定を用意した。主人公は、坊津の白いダチュラの花（エンゼルトランペット）が咲く、かつての密貿易の宿に帰って行く。この坊津で自分は何かを失なった。戦争のときは上官からいじめられてはいたけれど心の充実があった、自分が死のまえで何をやるべきかがわかっていたのだ。しかし、いつまでも生き続けられるかのような戦後の時間に棲み続けると、自分が何をやるべきか、どのように生きたらよいのか、わからなくなってしまった、と。

かつては若くして死ぬと決まっており、「冥府」と思っていた坊津では生を実感できたのに、戦後の、そうして高度経済成長の只中で、日本人はその生き方を見失ったのではないか。それは、日本人のなかから、その生の現実としての風土、すなわち渚や海辺に人間がどう生きてきたかという物語が、どんどん消えていっていることに通じているのではないだろうか。

この『幻化』から四十年あまりの時間がたち、最近では村上春樹の『海辺のカフカ』（二〇〇二年刊）という作品が出たが、これは、タイトルとは裏腹に、どこにも海辺の光景が描かれていない。海辺という言葉は使われているが、登場人物のだれもその精神のなかに「海辺」をもっていない。海辺は、この作品で印象的に描写されることはなく、また主人公たちの精神と非常に深く関わっている現実もない。「カフカ」とよばれる主人公の少年のばあいは、とくにそうである。

村上にとっては、風土は問題ではなく、内面世界だけが問題なのである。

こうして考えてみると、日本の海辺や海岸線の物語、そうしてその情景を描き、またその自然描写に日本人の精神や心象を仮託する文学というものが、こんにち急速に失われつつあるといえるのだろう。

高度経済成長期は小説の転機でもある

三島由紀夫は、すぐれて明晰な知性の持ち主で、きわめて人工的で、建築的な文体を作った作家だが、かれの作品の中には、海の光景が克明に描かれている小説が多い。神島を舞台とした若き男女の『潮騒』はもちろんだが、横浜の港湾を背景にした『午後の曳航《えいこう》』もそうだろう。『午後の曳航』では、船員というか世界の海を航海するマドロスに、少年たちが悲劇的な英雄を見ようとする物語である。少年が港に入ってくる船の汽笛に、「海そのものの叫び声」を感じる場面などは、横浜に近代的港湾を建設した日本人の経験のなかに、かなりスムーズに入ってくる感覚だろう、とおもわれる。

日本人は蒸気船の汽笛に、まさしく近代を感じとったのである。たとえば、井伏鱒二《いぶせますじ》の『荻窪風土記』という、小説とも随筆ともつかない味のある自伝的な作品のなかでは、昭和十年代の東京郊外の荻窪が描かれている。そのころは、東京湾に入ってくる船の汽笛の音が荻窪まで聞こえたらしい。東京オリンピックの一九六四年までは、九階建て以上の建物がなかったためだろう。

荻窪は井伏が住み始めた当時、田畑ばかりで高い建物もなかった。品川湾からの距離も一〇キロ程度である。

もう少し古い明治の終わりごろなら、海から四キロ程度しか離れていなかった高台の本郷にあった森鷗外の家には、「観潮楼《かんちょうろう》」という名がつけられていた。当時、二階建てのその建物からは東京湾の海潮が見えたのである。そのころは東京でさえも、海辺の風景がそこここに残り、場所によっては外国船のマドロスが歩き回り、汽笛の音が聞こえる、といった海に接する場所だったのである。そもそも、江戸という地名は、入江の戸（入り口）という意味であったのだ。

海に接した風土に生きる日本人を描いた小説は、まだ埋立地などが少なかった江戸を描いた時代小説には、若干残っている。たとえば藤沢周平の江戸の武家物や市井《しせい》物などである。しかし、それらを別にすれば、高度経済成長以後、急速に少なくなった気がする。『荻窪風土記』が書かれたのも、昭和五十七年、つまり昭和の終わりころ、一九八二年であり、いまから四半世紀以上もまえである。

こういった文学現象は、人間の精神と活動のすべてを経済的基準で考えようとする、高度経済成長期以後の風潮によって生まれたとおもわれる。司馬遼太郎がそのころから、日本には「コンクリートでコテコテと固めた風景がどこでも作られるようになった」といって嘆いたものである。

たとえば、九州の北の平戸島に行くと、江戸時代からの綺麗なお城が平戸瀬戸の青い海峡のなかに聳《そび》え立っている。深い青味を帯びた海峡の上の、森に囲まれた白い天守閣、というだけで、絵になる美しい風景である。ところが、司馬の『街道をゆく』では、その海峡と天守閣の中間に建てられた県の建造物が醜いコンクリート建てで、風景をだいなしにしている、と指摘されている。「肥前の諸街道」に、こうある。

目の前に、平戸島の北端の豊かな様相が展開されている。海面から思いきって緑を盛りあげたような岡の上に、城がある。景観の中の城として日本でもっとも美しいのは平戸城だと思うが、その城の下に醜怪なコンクリートの建造物があって、信じがたいほどののさばり方でのさばっている。県が建てた会館だという。（傍点引用者）

司馬はここで、海峡のうえに際立つ平戸城を「景観の中の城として日本でもっとも美しい」と最大級のほめ言葉を使っている。たしかに、平戸城を目にしたひとはみな、そのような思いをいだくにちがいない。緑の濃い岬の岡のうえに、白壁のあざやかな平戸城がすっくと立ち上がっている。それが「雷《いかずち》の瀬戸」ともよばれる平戸瀬戸の速い潮の流れをもつ海峡と、みごとに調和しているのである。

ところが、その美しい調和をぶち壊すように、あいだにコンクリートの建造物が横にねそべっているのである。これが、高度経済成長以後、とくにバブル期の日本を象徴する風景なのである。そこに日本人が伝統的に培ってきた美意識や精神の豊かさをぶち壊す発想がある。海辺のコンクリートの醜悪な建造物が、日本人の精神風景を自然から、そして海岸線から遠ざけている、といってもいいだろう。

一九六、七〇年代以降の日本の精神史、いわばビルドゥングス・ロマン（教養小説というより、自己形成史）、つまり「私」はいかに形成されてきたかという過程は、たんにどういう本を読み、誰とつきあって自己形成をしてきたか、ということではない。海を見、その波音を聞いて育った、あるいは家族と海辺で楽しく過ごしたという記憶が、民族の精神史において失われていった、ということなのではないだろうか。

これは、高度経済成長期以後の日本の文学史が「日本人の精神史」といった意味をもたなくなったことと、密接に関わっている現象かもしれない。少なくとも、文学者はわたしたち日本人の精神において、「海辺」がどのような意味をもってきたか、翻っていまその「海辺」がどのような悲惨な光景を呈しているか、という現実を見なくなってしまったのである。

どうして海を語らなくなったのか

わたしが一九八八年に発表した「海の幻」（『昭和に死す』新潮社）という評伝がある。主人公は、昭和二十年八月十六日、つまり敗戦の翌日に、二十一歳で割腹自殺した森崎湊である。生まれは島原半島の海辺で、瓦などをあつかった貿易商の二男である。その弟が森崎東《あずま》という映画監督で、『女生きてます』や、『男はつらいよ』などでもメガホンをとったことがある。

森崎湊は戦争中の海軍予備生徒で、特攻隊に志願した。しかし、特攻に出ないまま戦争が終わったために、三重県四日市の南にある三重航空隊の香良洲浜《からす》という海軍基地で自殺した。わたしはかれの評伝を書くために、その香良洲浜を訪れたことがある。

森崎は香良洲浜の松原にある砂浜で自決をしたのだが、そこはいまコンクリートに石を埋め込んだような石垣状の高い防波堤で、護岸工事が施されていた。かつて航空基地や旅館、農家、訓練場があった一帯は、そのコンクリートの防波堤の内側にあるのだが、その外側の海岸は時とともに砂が奪い去られて、森崎の自決から四十年後の時点で、すでに砂浜がほとんど消失してしまっていた。森崎が自決した松原は、海の中に取り残されたようにほんのわずか残っているのだが、この先、いつまでそのまばらな松原が残っているだろうか。

森崎湊という二十一歳の青年は、砂浜で海を見ながら自決した。日本人の自殺のための場所として、海辺や海の断崖というのは、意外に多かったのではないだろうか。熱海の海岸、東尋坊の断崖、津軽海峡の竜飛《たつび》岬、新潟県青海《おうみ》町の親不知《おやしらず》など、海辺に自殺の名所がいくつもある。断崖から海に飛び込んで死ぬというだけでなく、入水《じゅすい》するという行為は『平家物語』にも船からの入水としてあり、また砂浜を歩いての入水も数多くあるが、それは海の彼方にわが民族のふるさとがある、永世の常世国《とこよのくに》がある、という原意識が、わたしたちの精神の奥底にふかく潜んでいたからなのかもしれない。

わが民族の多くがかつて海を渡ってきた民族であるという事実は、わがふるさとは海彼《かいひ》にあるという原意識として残っているのだろう。中世から室町時代にかけては（いや明治の廃仏毀釈運動に抵抗して入水した土佐の僧侶のばあいもそうらしいが）、補陀落行《ふだらくこう》といった自殺行が行われた。これは舟で海彼の天竺《てんじく》のフダラク山へと乗り出してゆくのだが、結局のところ、死に赴くのである。そうだとすれば、砂浜を歩いて海に入水するという行為も、わが民族の死にかたとしてはべつだん不思議なことではない。

わたしはつい最近、鳥取県の日本海に面した赤碕海岸にある花見潟墓地に出かけた。その墓地は、日本海に接した狭い海岸べりに、鎌倉時代から何万基と墓石を立てていた。それを見たときに、海はそれほどに、わが日本人の生と死に深く関わっていたと自然に感じられた。そう考えると、島原半島の海辺に育った森崎湊が、その自決の場所として海辺の砂浜を選んだのは、わたしには偶然とはおもえないのである。

これまで、そういった海岸線と日本人の死生観との関わりが折口信夫や谷川健一など民俗学者の研究以外、あまり述べられてこなかったのは、海辺がわたしたちの生活に近しすぎたからだともいえる。近しすぎるゆえに、その意味がかえって見えないのである。日本人がその産屋や死に場所として海辺を選んだり、その海岸近くで育ったり、磯辺で恋愛をしたりした、という物語は、水上勉《みずかみつとむ》の『越前竹人形』や佐藤泰志《やすし》の『そこのみにて光輝く』など、なくはない。

そうだとすれば、その日本人の死生観に関わる海岸線の砂浜が近年、突然に失なわれてしまったことに対する危機感は、まだ深刻でないのだろう。それに関する物語や絵がまだ、いろんなところに残っているからである。つまり、わたしたちはまだ相変わらず「海国日本」であると信じているのだ。ところが、実際のところ、わたしたち日本人の精神的原景のなかから、そして日本文化のなかから、海が決定的に遠ざかってしまっているのである。

おわりに――伊東静雄の「有明海の思ひ出」

最後に、伊東静雄の「有明海の思ひ出」という詩のことを語って、「海岸線の歴史」のゆくさきに思いを致しつつ、本稿を終わりたい。

伊東静雄は明治の終わりごろ、有明海の辺《ほとり》、諫早湾に面した諫早市で生まれた。江戸時代につくられた眼鏡橋のすぐ近くにある小高い岡（現在は公園）にのぼると、一キロメートルほど南に有明海が光って見える。諫早と有明海とは、それほど近い距離にあるのだ。諫早湾の干拓がおこなわれる以前、海はこの岡のすぐ下にまで迫っていた。

伊東静雄が昭和十年に出版した処女詩集『わがひとに與《あた》ふる哀歌』（コギト発行所）に、「有明海の思ひ出」というイロニーに満ちた抒情的な詩がある。

馬車は遠く光のなかを駆け去り
私はひとり岸辺に残る
わたしは既におそく

天の彼方に
海波は最後の一滴まで沸《たぎ》り墜ち了り
沈黙な合唱をかし処《こ》にしてゐる
月光の窓の恋人
叢《くさむら》にゐる犬　谷々に鳴る小川……の歌は
無限な泥海の輝き返るなかを
縫ひながら
私の岸に辿りつくよすがはない
（中略）
夢みつつ誘《いざな》はれつつ
如何にしばしば少年等は
各自の小さい滑板《すべりいた》にのり
彼《か》の島を目指して滑り行つただらう
あゝ　わが祖父の物語！
泥海ふかく溺れた児らは
透明に　透明に
無数なしやつぽに化身をしたと

伊東静雄はこの詩に、「有明海の少年らは、小さい板にのり、八月の限りない干潟を蹴つて遠く滑る」と註《ちゆう》を加えている。「しやつぱ」とは、泥海の底に孔を掘って棲む小さな蝦《えび》の一種である、とも。この註によってわかることは、むかし有明海の泥海での遊びのさなかに溺れた少年たちは「しやつぱ」に化身したという伝説があった、ということである。

しかし、伊東静雄はこの詩で同時に、そういう少年たちの有明海の栄光の物語からも、じぶんは「既におそく」、「ひとり岸辺に残」されてしまった、とイロニカルに謳っている。「馬車は遠く光のなかを駆け去」ってしまったのだ、と。

ここには、有明海の少年たちのかつての栄光の物語がロマンチックに謳われつつ、じぶんはそういった栄光の物語からはもはや取り残されたのだ、というイロニーの意識が濃厚にただよっている。

伊東静雄はこの光にあふれた有明海が大好きだった。のち、友人の立原道造が若くして死んだとき、伊東は追悼文を書いた（昭和十四年）が、そこに立原が死の直前に長崎に旅行したことを記している。「大村湾は、日本の地中海だと云はれるほどで、明澄で静穏でしかも快活だから、そちらの方が君（立原）の趣味に合ふかもしれない。或《あるい》は一生忘れられない印象を受けるのぢやないかとも考へた。しかしわたしの趣味と馴染みの方からいふと、有明海を是非《ぜひ》見せたいと思つた。沈鬱《ちんうつ》な中に一種異様な、童話風の秘密めいた色彩と光が交《まじ》りあつて、これはまだ日本の詩人も画家も書いてゐないものだ。立原君は果してどちらを通つたであらうか」（振りガナ引用者）、と。

伊東静雄の故郷の諫早は、その北を大村湾に接し、南を有明海（諫早湾）に接している。二つの海が狭く狭く隣り合った場所が諫早なのである。その大村湾は伊東が書いているように「明澄で静穏でしかも快活」である。そこはほんとうに底抜けに明るく、鏡のように光を撥《は》ね返した、いわば湖《うみ》である。しかし、その静穏な湖も、戦時中は人間魚雷の訓練基地になったのだった。島尾敏雄などはここで、特攻訓練を受けたのである。そう考えると、わたしなど大村湾の「明澄」な光の輝きについて、「残酷な」という形容詞をつけたくなるほどだ。

一方、伊東静雄は、有明海には「沈鬱《ちんうつ》な中に一種異様な、童話風の秘密めいた色彩と光が交《まじ》りあつて」いる、と書いていた。その「童話風の秘密めいた色彩と光」のなかには、泥海に溺れて「しやつぱ」に化身した少年たちの伝説のみならず、島原の乱をめぐるむかしの人びとの物語や、「天草洋《なだ》」に舟を浮かべて東シナ海へのひろがりをおもい「雲か山か、呉《ご》か越《えつ》か／水天髣髴《ほうふつ》、青《せい》一髪《いつぱつ》……」と歌った頼山陽の詩も憶い出されていたのかもしれない。

わたしたち日本人はこの伊東静雄の「有明海の思ひ出」のような詩を、二度と持つことができないのだろうか。この「海岸線の歴史」を終えるにあたって、わたしはそんな痛切な思いをいだいたのだった。

あとがき

日本の海岸線はどのように変わったのか。——そんな歴史を書いてみたい、としきりに思うようになったのは、十年あまりまえ、『開国・維新』（「日本の近代」第一巻、一九九八年、中央公論社刊）を書いているときのことであった。

そのころ、築地の魚市場に出かけても、これに隣り合った波除《なみよけ》神社を見ながら、ああ、ここまでは時々海の波に洗われた土地なのだな、それだから「波除」という神社名がついたのにちがいない、とおもったものだった。新橋の隣にある汐留《しおどめ》という地名だって、かつてはここまで江戸湾の潮が寄せていた名残りなのである。ともかく、東京の山手線より東側は、かつてほとんどが海中にあり、江戸時代から明治時代にかけて埋立地としてできあがった土地といえるだろう。

また、その『開国・維新』よりすこしまえ、『近代アジア精神史の試み』（一九九四年刊、現在は岩波現代文庫刊）で一九九五年のアジア・太平洋賞を受賞したとき、その賞金でインドを旅したことがあった。そのとき、ガンジス河の河口にある河岸の石段状のガートを見ながら、ああ、この石段は大英帝国の東インド会社（一六〇〇年創立）が海からの船荷の積み下ろしに便利なように使ったものではないか、と考えこんだものだった。

それにまた、香港に行くたびに、ああ、ここはアヘン戦争（一八四〇～四二年）がおこなわれるまえは、人口わずかに二千人の寒村しかない島だったのだ。それがいまでは、九竜《カオルーン》半島の新界

（ニュー・テリトリー）までを合わせると、人口八百万人の大都会に変貌してしまっている。そのためには海岸の多くを埋立ててバックヤード（後背地）を作り、近代的な港湾を建設する必要があったのだ、と頭の中に百数十年の歴史が駆けめぐったことだった。

この香港の歴史は、横浜や神戸の「開港百五十年」の歴史とほぼ重なっている。一八五三年のペリー来航の時点では、横浜村は人口わずか八百人の寒村で、対岸の戸部《とべ》村を合わせても人口二千人、葦原がつづくばかりの海岸だった。それがいまや人口三百五十万人の、日本第二の大都市である。そんなことを考えていると、どうしても、日本の海岸線はどのように変わったのか、古代においてはどんな形状をしていたのか、しきりに知りたくなった。しかし、そのようなことを記した本は、江戸時代の海運についての研究を別にすれば、まったくなかったのである。これは自分で書いてみるしかないな、と思ったのが、運の尽きだった。

こうして、わたしは『評伝　北一輝』全五巻（岩波書店、二〇〇四年刊）、ついで『泥の文明』（新潮社、二〇〇六年刊）などをまとめる一方で、いつも「海岸線の歴史」を書き下ろす夢にとらわれつづけた。この数年間の「執筆計画」には、いつもその書き下ろしが予定されていた。一年あまりまえの『日本経済新聞』（二〇〇八年三月二日付）のエッセイ「プロムナード」には、「海岸線の歴史」と題して、次のように記されている。

いま、『海岸線の歴史』という画期的な本を書いている。粗稿は昨年の末にいちおう出来上っているのだが、先行する書物がまったくない分野であることや、推敲《すいこう》の過程でつぎつぎに新しい発見が出てくること、そうしてわたしの時間が数々の講演や短い原稿で分断されることなどによって、書き泥《なず》んでいる。

それでも執筆をあきらめる気がしないのは、日本が「海岸線」の異様に長い、世界有数の国であるのに、その海岸線がどのように変化してきたのか、古代から現代に及ぶ歴史書がまったくないからである。

これに引きつづいて、わたしは日本の海岸線がアメリカの一・五倍、中国の二倍以上にも及ぶ異様な長さをもっていることにもふれている。にもかかわらず、その歴史的な変化や日本の文化との関わりを書いた本がない、というのも、考えてみればおかしなことではないだろうか。

そうおもうがゆえに、わたしは一方で『畏るべき昭和天皇』（毎日新聞社、二〇〇七年刊）などの連載物をこなしながら、この『海岸線の歴史』という風変りな原稿に手を入れつづけたのである。トルコ西岸のダーダネルス海峡に接した古代トロイア遺跡に出かけてゆくときも、その原稿をたずさえていったほどだった。そして、その痕跡は本書の「はじめに　海岸線は変わる」などにも、色濃く影をおとしているだろう。

※

※

『日本経済新聞』のエッセイにも書いているとおり、推敲を重ねていると、つぎつぎに新しい発見や記憶が現われ出てきて、いつになっても終わらない。そこで、日本篇を中心にいちおうの区切りをつけて、世に問うてみることにした。

これが、『開国・維新』にはじまるわたしの日本精神史への一つの結着であるのか、それともわたしの文明・文化史への新たな挑戦のはじまりであるのか、よくわからない。ただ、「海岸線」の歴史をたどってみるだけでも、こんなに色々のことが考えられるのだ、とわかったことだけでも収穫という気がする。

※　　※

伴走してくれたのは、本書の刊行元ミシマ社の三島邦弘さんである。三島さんはかつて、わたしの『砂の文明・石の文明・泥の文明』（PHP新書、二〇〇三年刊）の編集を担当してくれたが、その「泥の文明」のインドにふれた箇所を読んで、「どうしてもインドに行きたくなった」といって、出版社をやめてしまったひとである。

その四年後に、三島さんは独力でミシマ社を興したのであるから、そこで出版する本のアイデアを出したわたしとしても、本書の完成に力を尽くさないわけにはいかなかった。それゆえ三島さんに対する感謝のことばとともに、新しい分野への挑戦は楽しかったけれどなかなか辛い日々でもあったぜ、と少しは愚痴のことばも述べておきたい。

二〇〇九年三月二十一日　早い桜の開いた日に　　松本　健一

松本健一（まつもと・けんいち）

1946年群馬県生まれ。東京大学経済学部卒業。現在、麗澤大学教授。評論・評伝・小説など多方面で活躍。

著書に『白旗伝説』『北一輝論』（以上、講談社学術文庫）、『近代アジア精神史の試み』（岩波現代文庫、アジア太平洋賞受賞）、『開国・維新』（中央公論新社）、『砂の文明・石の文明・泥の文明』（ＰＨＰ新書）、『評伝　北一輝』（全五巻、岩波書店、司馬遼太郎賞、毎日出版文化賞受賞）、『畏るべき昭和天皇』（新潮文庫）、『海岸線は語る　東日本大震災のあとで』（ミシマ社）など多数ある。

海岸線の歴史

二〇〇九年五月　八　日　初版第一刷発行
二〇一二年三月十四日　初版第五刷発行

著　者　松本健一
発行者　三島邦弘
発行所　株式会社ミシマ社
郵便番号一五二-〇〇三五
東京都目黒区自由が丘二-六-一三
電話　〇三(三七二四)五六一六
ＦＡＸ　〇三(三七二四)五六一八
e-mail hatena@mishimasha.com
URL　http://www.mishimasha.com/
振替　〇〇一六〇-一-三七二九七六

印刷・製本　藤原印刷(株)
組版　(有)エヴリ・シンク

ISBN978-4-903908-08-3

好評既刊

街場の中国論

内田 樹

日中関係の見方がまるで変わる、なるほど！の10講義。

ISBN978-4-903908-00-7　1600円

アマチュア論。

勢古浩爾

現代日本人に必要なのは「アマチュア精神」ではないか。

ISBN978-4-903908-02-1　1600円

病気にならないための時間医学

＜生体時計の神秘＞を科学する

大塚邦明

全ての現代人に贈る、平成の養生訓。

ISBN978-4-903908-03-8　2200円

街場の教育論

内田 樹

「学び」の本質を見事に言い当てた、驚愕・感動の11講義。

ISBN978-4-903908-10-6　1600円

東京お祭り！大事典

毎日使える大江戸歳時記

井上一馬

30年東京を歩き続けた著者による「現代歳時記散歩」。

ISBN978-4-903908-11-3　1600円

文章は写経のように書くのがいい

香山リカ

目からウロコの「書き方」入門。あの多筆の秘密を初公開。

ISBN978-4-903908-12-0　1500円

（価格税別）